"미네르바의 부엉이는 황혼 무렵에야 날개를 펴기 시작한다."
– 헤겔의《법철학》서문 중에서

백한번째 도전

큰 꿈을 현실로 만드는 뚝심의 비밀

Challenge

이태규 지음

백한번째 도전

초판 1쇄 인쇄 2009년 5월 13일
초판 1쇄 발행 2009년 5월 20일

지은이 이태규
펴낸이 김선식
펴낸곳 다산북스
출판등록 2005년 12월 23일 제313-2005-00277호

PD 최소영
DD 김희림
다산라이프 최소영, 김기정
마케팅본부 곽유찬, 민혜영, 이도은, 허미희, 박고운
저작권팀 이정순, 김미영
홍보팀 서선행, 강선애, 정미진
광고팀 한보라, 김태수
디자인본부 최부돈, 김희림, 손지영, 이인희
경영지원팀 방영배, 김미현, 이경진, 유진희
미주사업팀 우재오
외부스태프 사진 박영진, 일러스트 박경호

주소 서울시 마포구 염리동 161-7번지 한청빌딩 6층
전화 02-702-1724(기획편집) 02-703-1723(마케팅) 02-704-1724(경영지원)
팩스 02-703-2219
이메일 dasanbooks@hanmail.net
홈페이지 www.dasanbooks.com

필름 출력 스크린그래픽센타
종이 신승지류유통(주)
인쇄·제본 (주)현문

ISBN 978-89-93285-39-0 (03320)

백 번 도전해서 실패했다면
한 번 더 도전하라

《한국의 부자인맥》이란 책을 낸 지 몇 년이 지난 지금도 자신의 멘토가 되어 달라며 직접 장문의 편지를 보내오는 독자들이 있다. 그런데 개중에는 다짜고짜 부자와 인맥을 맺는 법, 돈을 버는 법, 좋은 땅을 사는 안목 등 당장의 이익이 될 만한 것들만 알려 달라는 사람들도 있다. 나는 이런 문의를 하는 사람들에게는 일일이 답을 하지 않는다. 인생의 목표라든가 행동하는 철학, 치열한 삶의 과정이 없이 그저 일확천금을 노리는 그들에게 할 이야기가 없기 때문이다.

인생은 길지 않다. 좋은 사람들과 나의 꿈, 우리의 꿈을 이야기하며, 그것을 이뤄가기에도 시간이 모자르다. 그래서 무모하다고 할지라도 내가 목표로 정한 것을 성취하기 위해서 노력을 한다. 당장의 먹고사는 문제도 중요하겠지만 그것만 보고 벽에 부딪혀 안주하면 아무런 성취감 없이 결국 허무한 감상만이 남게 된다.

설령 모두가 무모하다고 고개를 갸웃거릴지라도 그것을 성공의 현실로 이룰 수 있는 비법은 분명히 있다. 그런데 성공한 사람과 그렇지 못한 사람의 차이는 그 비법을 아느냐 모르느냐에 달려 있는 것이 아니다. 비법이란 것이 고대의 주문처럼 소수만이 알고 있는 은밀한 것도 아니요, 대단히 어렵거나 거창한 것도 아니기 때문이다. 주변을 둘러보면 수많은 성공의 비법과 법칙, 그리고 공식이 난무하고 있다. 그리고 성공을 위한 제1의 법칙으로 하나같이 꿈을 가지라는 이야기를 한다.

꿈을 품는 것이 뭐 그리 어려운 일인가. 당장의 힘든 현실을 잊고파서, 또는 더 나은 미래를 위해 꿈을 품는 사람들은 많다. 그러나 중요한 것은 "그래서 꿈을 이루었는가?"이다. 아무리 꿈을 꾸고 그것을 간직하더라도 정작 현실에서 이룰 수 없다면 그것은 한낱 몽상에 불과하다. 로또 당첨의 꿈을 꾸며 멋진 차와 풍족한 생활을 상상하다가 다시 일상으로 돌아왔을 때의 허탈함과 자신의 무능함에 깊은 한숨만을 쉴 뿐이다.

무모한 꿈을 현실로 만드는 인생의 비밀이란 바로 '행동하는 철학'이다. 맥아더 장군은, 인생은 뭔가 생동감이 넘치는 과정이라며 "여전히 지난날의 사고방식을 지니고 똑같은 경험들만 되풀이하고 있다면, 그리고 여전히 예측이 가능한 반응들로 일관하는 것이라면 당신은 죽어 있는 인생을 살고 있는 것이다."라고 했다. 결국, 자신의 삶을 생동감 있게 살아가고 싶다면 꿈에서 머무르는 것이 아니라 도전과 실천을 해야 한다.

행동하는 철학이야말로 꿈을 현실로 바꾸는 것이다. 뭔가 도전해야 할 목표가 없이 지금의 모습에 만족하고 있거나 쉽게 달성할 수 있는 목표만 설정한다면 내 인생의 진정한 성공이란 요원할 수밖에 없다. 그래서 남들에게는 무모해 보이더라도 도전이 필요한 것이다.

꿈을 바라보고 사는 인생을 보고 "꿈만 꾸고 있네."라고 할 수 있지만 그것은 실천이 없을 때의 이야기다. 꿈을 좇는 인생은 결코 대책 없는 낙관이 아니다. 꿈을 좇다 보면 자신을 완성하는 것은 물론 아낌없이 자신의 모든 것을 쏟아 붓는 노력을 하기 마련이다.

소니가 '워크맨'을 만들 때의 일화를 보더라도 무모한 도전을 현실로 이뤄가는 방법을 알 수가 있다. 그들이 '들고 다닐 수 있는 소형 카세트테이프'를 만들려고 도전했을 때, 그들은 결코 '지금의 우리 기술로 얼마나 작은 크기를 만들 수 있을까'를 고민하지는 않았다. 대신에 작은 나무토막을 목표로 삼고 '이만한 크기의 워크맨을 만들기 위해 지금의 기술을 어떻게 변화시킬지' 머리를 맞대고 연구했다. 이처럼 당장 눈앞에 있는 상황과 조건에 맞추어 자신을 규정하는 것이 아니라, 미래에 어떤 결과가 올지 생각하며 무모한 꿈마저도 현실로 이루겠다는 마음가짐과 실천이 중요한 것이다. 결국 미래를 준비하며 해결을 모색하려는 소니의 열망이 워크맨의 탄생을 이루어낸 것이다.

사람들은 지금 내가 이뤄가는 성공과 실패의 과정을 보며 "꿈을 이루셨네요."라고 말한다. 하지만 나는 지금도 꿈을 향해 나아가고 있는 중이라고 말한다. 미래는 언제나 변화하는 것이고, 그러한 변화를 한 발 앞서 준비하는 것이 바로 꿈을 향해 나아가는 과정이다.

꿈을 이뤄가는 과정에서 나는 인생의 가장 밑바닥까지도 경험해 보았다. 그러나 나는 결코 꺾이지 않았다. 음지를 봐야 양지가 보인다는 유태인의 철학을 체험한 것이다. 그럴수록 나는 더욱더 열심히 미래를 준비했다. 현실의 힘든 상황을 해결하려는 열망은 더욱더 강하게 불타올랐고, 그 열망을 나는 행동으로 실천했다.

꿈을 바라보며, 현장에서 발 빠르게 행동하는 것이 부자의 실천습관이다. 이런 습관을 생활에서 지키는 사람이 결국에는 꿈을 이루고 부자가 된다.

이런 이야기가 있다. 사하라 사막에 있는 어느 마을의 주민들은 1926년 영국왕실학회의 회원인 레빈이란 자가 방문하기 전까지 아무도 사막 밖을 나가본 적이 없다고 한다. 레빈은 그 이유가 궁금했다. 레빈이 직접 마을에서 북쪽을 향해 길을 걸으니 3일 반나절 만에 사막을 벗어날 수 있었다. 다시 마을로 돌아온 그가 가만히 관찰해 보니 주민들은 사막을 가로질러 바깥 세상으로 나가겠다는 의지가 없는 것도 아니었다. 그래서 자기는 개입하지 않는다는 조건으로 일부 주민들과 함께 길을 나섰다. 열흘이 지나자 그들은 다시 마을로 돌아왔다. 이유는 단 하나였다. 북극성의 존재를 몰랐던 것이다. 그러니 나침반도 없고 북극성의 존재조차 모른 채 길을 떠났던 마을 주민들은 계속 마을 주위만 맴돌 수밖에 없었던 것이다. 레빈은 마을을 떠나면서 밤에 '가장 빛나는 별'을 향해 걸어가라고 했다. 그 말을 들은 한 청년은 밤에 가장 빛나는 북극성을 보고 길을 떠나 정말 사막을 벗어날 수 있었다.

독일의 철학자 헤겔이 쓴《법철학》의 서문에는 "미네르바의 부엉이는 황혼 무렵에야 날개를 펴기 시작한다"는 말이 나온다. 여기서 미네르바는 그리스에서는 '아테나'라고 부르는 지혜의 여신을 말한다. 이상적인 철학이나 진리에 대한 인식은 시대에 선행하기보다는 일이 끝날 무렵에야 알게 된다는 뜻이다. 이 책을 읽는 분들에게 당부하고 싶은 말이 있다. 어두운 밤하늘, 망망대해에서 가장 빛나는 별을 향해 끊임없이 나아가는 항해사처럼 꿈을 바라보며 끝까지 포기하지 않고 인생을 엮어가는 지혜와 행동이 필요하다는 것이다. '꿈과 행동' 이 두 가지를 하나의 조합으로 삼을 수 있는 사람, 그리고 그런 사람과 함께 하는 사람이라면 충분히 존경받는 부자, 행복한 부자가 될 수 있는 사람이다.

이태규

CONTENTS

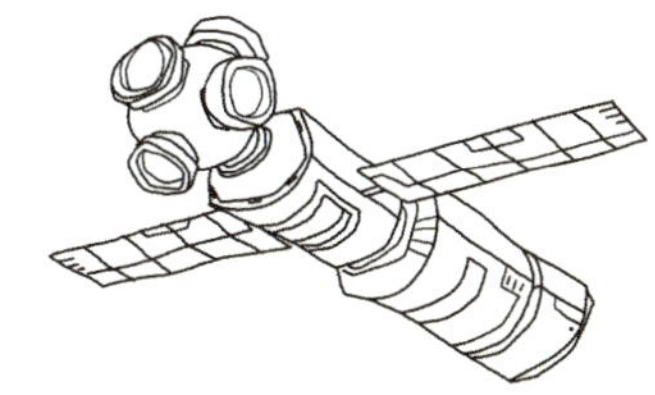

어둠 속에도 빛은 있다

01
PART

"어느 특정인에게 가능한 기적은 만인에게 가능하다."
마하트마 간디

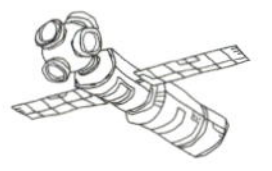

놓지 않은 꿈은
결국 이루어진다

"교수님, 연세도 있으신데 그냥 편안하게 지내시지 왜 사서 고생을 하십니까?"

한겨울에도 난방보다 선풍기를 찾는 내가 연신 손수건으로 땀을 닦으며 열중하는 내 모습이 그토록 안쓰러워 한 지인이 건넨 말이다. 위기와 고비, 그리고 꿈을 이루는 과정의 반복이 남들에겐 그저 고생으로 보이는가 보다. 그렇지만 내가 쉴 나이가 되었다는 것은 한마디로 어불성설이다.

은행 지점장으로서, 인기 저자로서, 방송인으로서, 명강사로서의 인생은 스스로도 남들이 보기에도 편안하고 만족스러운 삶이었다. 그러나 안락한 삶에 빠져 세월의 흐름을 벗 삼아 살아가는 순응주의자가 되기는 싫다. 비록 믿음과 배신, 위기와 환희로 점철된 피눈물의 인생이라 할지라도 난 그것을 변화와 발전을 시도하는 생생한 삶이라고 믿는다. 한순간의 물질적인 어려움은 있었으나 내가 진짜 원하는 것은 꿈을 이루겠다는 것이다. 그리고 그 꿈을 이루기 위한 현장 속에서 생생한 실천을 하는 것이 바로 나의 살아 있는 삶이다. 이게 바로 이 태규의 삶이다.

"꿈은 이루어집니다! 절박한 꿈은 이루어집니다!"

스타스페이스를 홍보하려고 나온 거리는 한겨울의 찬바람이 귓전을 때리고 뼛속까지 에이는 추위가 몰아치고 있었다. 이렇게 동장군이 기승을 부리는 와중에 전단지를 들고 직접 거리에 나선 나는 추위보다 더 큰 열정에 사로잡혀 있었다. 그리고 사람들이 뜨거운 입김을 호호 불며 종종걸음으로 길을 지날 때 건넸던 인사말이 바로 "꿈은 이루어집니다!"였다.

2002년 월드컵 때 워낙 많은 사람들이 외쳤던 터라 아직도 내가 축구에 미쳐 외치는 줄 아는 사람들도 있었다. 하지만 이 말은 내 평생을 이끌어온 행운의 주문이었다. 나는 처음 만난 사람들과 대화를 나눌 때마다 꿈에 대해 이야기를 한다. 요즘이야 여기저기서 꿈을 가져라, 꿈을 가져야 이루어진다는 이야기를 많이 하니, 내가 얼마나 오랫동안 꿈에 대해 이야기했는지 믿고 안 믿고는 별개의 문제다. 이런 이야기를 하고 있노라면 가뜩이나 힘들고 팍팍한 현실의 어려움 때문에 귀를 쉽게 열지 않는 사람들이 떠오른다. 안타깝지만 하루 벌어 세

끼 식사를 고민하는 사람들에겐 꿈이란 또 다른 사치의 단어로 들릴 수도 있다. 그러나 나는 꿈을 포기하지 않아야 성공할 수 있다고, 아니 살아남을 수 있다고 최선을 다해 이야기한다.

봇물처럼 터져나오는 성공학이나 자기계발 책들을 보면 한 목소리로 꿈을 가지라고 말한다. 하지만 그들은 꿈을 가진 사람이 어떻게 그것을 이루어가는지 생생하게 보여주지는 못한다. 정작 사람들이 필요로 하는 것은 생생한 현장인데도 말이다. 누구나 할 수 있는 말이라면 귀에 솔깃하더라도 내 것으로 만들기엔 부족한 법이다.

나는 사람들에게 "꿈을 가지세요!"라고만 말하지 않는다. 꿈을 이루기 위해 끝없이 달려왔던 나의 인생을 들려주며 내가 어떻게 그것을 이뤄내는지 그 과정 하나하나를 보여주려 노력한다. "보지도 않고 믿는 자에게 복이 있다"손 치더라도 사람 마음이 어디 그런가. 상대방의 가슴에서 미처 고개를 내밀지 못한 꿈을 끄집어내고, 그것을 이룰 수 있도록 기운을 전해주는 것이 중요하지 않을까. 어쩌면 그것은 꿈을 이루는 방법을 먼저 찾아낸 선배로서 마땅히 그들에게 전해야 할 나의 소명인지도 모르겠다.

지금도 나는 꿈을 꾸고 그것을 가슴에 품고 산다. 그리고 꿈을 향해 움직인다. 내가 꿈꾸는 그것을 이루기 위해 현장 속에서 생생하게 살아 움직인다.

"스타스페이스와 함께하면 당신의 꿈이 이루어집니다."

이 말은 사업을 홍보하기 위해 만든 문구가 아니다. 내 꿈을 실현하고, 또 많은 이들의 꿈을 이룰 수 있는 공간을 만들겠다는 내 소망이 담긴 주문이자 간절한 기도문이다. 우주테마파크인 스타스페이스는 우주를 향한 나의 꿈을 실현시켜 줄 장소인 동시에 우주를 향한 수많은 사람들의 꿈을 실현시켜 줄 장소이기 때문이다.

어릴 때부터 나는 할아버지 할머니 품에서 살았다. 할아버지는 한 동네의 대지주로 고향을 지키셔야 했고, 부모님은 도시로 나가 직장 일을 하셔야 했다. 좁고 답답한 시골보다 도시로 나가 생활하고자 했던 아버님의 결정 때문에 나는 너무 어린 나이에 부모님과 떨어져 살게 되었다. 그래서일까. 나는 늘 엄마와 함께 사는 것이 소원이었다. 어렸을 때야 이유를 몰라 떨어져 살았으나 평생 엄마에 대한 그리움을 안고 살 줄은 꿈에도 짐작하지 못했다. 물론 장손이란 이유로 조부모와 온 대가족의 사랑을 듬뿍 받으며 살았지만 마음 한 구석이 허전해 옴은 어쩔 수 없었다. 그러던 어느 날 어린 나의 온 신경을 집중시키는 '커다란 새'가 나타났다. 그것은 바로 '비행기'였다.

50년 전, 충청도 산골 마을에서 할머니의 치맛자락이나 붙잡고 다녔던 어린 꼬마가 비행기를 처음 보았을 때 그것은 놀라움을 넘어선 충격 그 자체였다. 지금이야 텔레비전이다, 인터넷이다 하여 비행기는 물론이고 우주선 속까지 훤히 꿰뚫어보는 세상이 되었지만, 라디오도 듣기 힘들었던 그 시절 비행기에 대해 내가 알 턱이 있었겠는가.

"할머니, 할머니 저게 뭐예요? 엄청 큰 새야!"

내가 흥분해서 소리치자 할머니가 한달음에 달려오셨다. 그리곤 내가 손가락으로 가리킨 하늘을 바라보았다.

"뭐여? 뱅기 아녀?"

"뱅기?"

생전 처음 보고 듣는 것에 눈만 동그랗게 뜬 나에게 할머니는 놀라운 이야기를 해주셨다. '쌔액!' 하고 소리를 내면서 저 하늘을 나는 것은 새가 아니라고 말이다. 그것은 '비행기'라며 사람도 그것을 타면 새처럼 훨훨 날 수 있다고 말이다. 아, 사람이 하늘을 날 수 있다니! 하늘을 날 수만 있다면 나는 어디든 갈 수 있다. "그래! 엄마에게도 갈 수 있는 것이다!" 나는 할머니의 치맛자락에 매달려 비행기를 타겠다고 고래고래 소리를 질러댔다.

"나도 비행기 탈래! 하늘을 날고 싶다고!"

매일매일 나는 우물 옆에 쪼그리고 앉아 비행기를 기다렸다. 점심때가 훌쩍 지나서야 나타난 비행기는 하얀 꼬리만 남기고 순식간에 사라져버렸지만 나는 한참을 그 자리에 앉아 있었다. 내게 비행기는 더 이상 공포의 대상이 아니었다. 흥분과 기대, 그리움을 느끼게 하는 기다림의 대상이었다.

"아가, 뭘 그리 넋 놓고 하늘만 보는겨? 어여 밥 먹자."

밥 때가 훌쩍 넘어가는데도 꼼짝을 않고 비행기만 기다리던 내가 안쓰러웠는지 할머니는 연신 내 손을 끌고 방으로 가자셨다.

"할머니, 나 비행기 탈래. 아니, 비행기 조종하는 사람이 될 거야."

자리를 털고 일어나며 나는 야무진 목소리로 말했다. 비행기를 타고 세상 사람들을 그들이 원하는 곳에 데려다줄 것이라고 말이다.

그렇게 나는 가슴속에 하늘을 품었다. 더 큰 세상을 향한 나의 꿈이 시작된 것이다. 비행기를 타고 엄마에게로, 그리고 더 넓은 세상으로 향하고 싶던 다섯 살 꼬마의 꿈은 어느새 하늘을 넘어 우주를 향해 뻗어갔고, 지금 나는 스타스페이스와 함께 그 우주를 열어가고 있다.

간절한 꿈을 마음에 심다

한 단계씩 꿈을 향해 나아가고, 또 하나씩 이루어가는 나를 보며 사람들이 묻는 질문이 하나 있다.

"어떻게 하면 꿈을 이룰 수 있습니까?"

내 대답은 언제나 하나다.

"간절히 꿈꾸십시오. 그리고 그것이 이루어지기 전까지 절대로 그 꿈을 버리지 마십시오."

다소 엉뚱하게 들릴 테지만, 사실 이 원칙 하나만 지킨다면 누구나 이룰 수 있는 게 꿈이다. 꿈을 이루고 싶다면 간절히 원해야 한다. 그리고 가능한 가슴속 깊숙이 새겨두고, 그것이 이루어지기 전까진 절대로 도려내어서는 안 된다. 그래야지만 나의 모든 행동과 사고가 그 꿈을 이루기 위한 수단으로 움직이게 된다.

나는 매일 새벽 다섯 시면 일어난다. 그리고 일곱 시면 어김없이 연구실에 도착한다. 특별한 일이 없는 한 비가 오나 눈이 오나 이는 변하지 않는 나의 법칙이다. 나를 이른 새벽 시간에 일어나게 하는 힘은 다른 특별한 것이 아니다. 바로 내가 꾸는 꿈의 힘이다. 아침 시간 자전거로 산책을 할 때마다 강변 너머의 테크노마트와 수많은 빌딩을 보고 있노라면 내 가슴속에 깊이 간직하고 있는 꿈이 또렷하게 떠오른다. 언젠가는 저 곳 어딘가에 한국의 록펠러재단을 만들겠다는 꿈을 새록새록 생각나게 해주기 때문이다. 밤이 이슥한 시각에 사무실을 나설 때면 보게 되는 하늘의 별들은 거울과도 같은 존재다. 어린 시절에 불태웠던 하늘을 향한 꿈, 그것을 실현하기 위해 진행 중인 우주테마파크 건설의 꿈을 다시 떠올리게 하기 때문이다.

혹자는 "인생이 꿈꾸는 대로만 이루어진다면 얼마나 좋겠습니까?"라고 반박하기도 한다. 물론 인생이란 내가 바라던 대로, 계획하던 대로만 흘러가 주지는 않는다. 그러나 처음에 계획했던 것과는 전혀 다른 엉뚱한 길로 흘러가더라도 가슴속에 품은 꿈을 놓지 않는다면 결국 언젠가는 그 꿈을 이룰 수 있다. 꿈을 이루지 못한 사람들은 그 '언제'가 되기 전에 꿈을 놓아버리기 때문에 꿈을 이루지 못하는 것이다.

나는 하늘을 향한 꿈을 한 순간도 놓은 적이 없다. 그러나 지나온 삶을 되돌아보면 그 꿈을 향해 곧장 달려오기만 한 것도 아니다. 어찌 보면 나의 청년기는 내 꿈과는 점점 멀어지고 있었는지도 모른다.

"이 녀석 체격 좀 보게. 유도 선수 하면 딱 좋을 체격일세."

"아니 저, 선생님……."

"잔말 말고 넌 이제부터 유도부다."

고등학교 시절 체격조건이 좋다는 이유만으로 유도부에 들어가게
되었다. 매형의 권유도 있었던 터라 나는 쉽게 그만둔다는 이야기를
하지 못했다. 호시탐탐 그만둘 기회를 노리고 있었지만 내 의지와는
다르게 나는 두각을 나타내곤 했다. 아마도 무슨 일을 해도 지고는 못
배기는 나의 승부근성 때문이었을 것이다. 어쨌건 그 덕분에 꼼짝없
이 유도부에 잡힌 신세가 되었고 그러던 중 다리를 다치는 사고가 있
었다. 육체적인 고통에 힘들어하면서도 나는 그 고통을 기꺼이 받아
들일 수 있었다. 왜냐하면 누구의 강요가 아니라 내가 원래 간직하고
있었던 꿈을 향해 다시 돌아갈 수 있다는 생각이 들어서였다. 극심한
통증으로 약 100여 일의 고통스런 병원생활을 해야 했지만 나는 속
으로 쾌재를 불렀고, 그제야 겨우 유도를 그만둘 수가 있었다.

대학 입시를 1년여 남겨놓고 나는 다시 내 꿈을 바라보았다. 지난 2
년의 시간이 아깝기 그지없었지만 나는 애써 스스로를 위로했다. 암
초에 걸려 엉뚱한 곳에서 잠시 헤맸을 뿐이지 내가 목표한 그것을 놓
은 것은 아니라고 말이다.

이후로 1년 동안 나는 지난 몇 년을 만회할 것을 목표로 정말 열심
히 공부했다. 하지만 돌고 돌아온 길의 끝에는 너무나 냉정한 현실만
이 기다리고 있었다. 그해 입시에서 나는 내가 그토록 원하던 항공대
학교에 진학하지 못했던 것이다. 처음으로 맛본 패배였지만 나는 순

순히 그것을 인정하고 받아들였다. 나의 노력이 부족했음을 누구보다도 내가 더 잘 알았기 때문이다.

"그래. 내가 포기하지 않는 한 내 꿈을 이룰 기회는 얼마든지 있어!"

공군사관학교나 항공대학교에 들어가길 원했던 나는 성적이 부족해 진학을 포기하고 다른 학교로 가야 했지만 나는 결코 좌절하지 않았다. 내게 시련은 해결해야 할 하나의 과제일 뿐이므로 내가 좌절해야 할 이유가 없었던 것이다. 조금 돌아갈 뿐 반드시 그 길을 갈 것이란 걸 나는 알고 있었기 때문이다.

가능한 희망적인 생각을 하기 위해 노력하던 나였지만 막상 대학을 입학하고 첫 수업을 듣기 위해 강의실로 들어서는데 기분이 착잡했다.

'이렇게 내 꿈과 멀어지고 마는 걸까……. 나는 또 무엇을 품고 살아야 하나…….'

무역학과의 첫 수업을 듣기 위해 자리에 앉으며 나 자신에게 던진 질문이다. 아마도 내 인생의 첫 단추를 끼며 제대로 된 명분을 찾고 싶었던 것인지도 모르겠다.

심드렁한 나와는 달리 강의실을 가득 메운 신입생들은 그 표정이나 행동에서 강한 열의가 느껴졌다. 적어도 내 눈에 비친 그들은 꿈을 향해 나아가는 씩씩한 전사와 같았다.

첫 수업부터 강의는 돈의 중요성과 돈이 가진 힘에 대한 것이었다. 비록 개괄적인 강의였다 하더라도 하늘을 나는 꿈을 꾸는 나에게 경제와 돈에 관한 이야기는 분명 낯설고 어색한 이야기였다. 그런데 그 낯섦도 잠시, 나는 돈의 흐름에 대해 점점 흥미를 느끼고 있었다. 그리고 강의가 끝나갈 즈음 어느덧 나는 그들과 다르지 않은 열의를 뿜어내고 있었고, 나의 꿈은 한 단계 더 성장해 있었다.

'그래, 부자가 되자! 아름다운 부자가 되어 나의 꿈을 이루는 거다.'

그렇게 나의 꿈은 다시 만들어지고 영글어갔다. 하늘을 나는 꿈이 지금은 우주를 향한 꿈이 되었고, 우주로의 꿈은 '아름다운 부자'로 이어진다.

내가 꿈꾸는 우주테마파크가 막대한 돈이 드는 큰 사업임을 감안하면 나는 거의 맨손에 가까운 상태였다. 이것을 이뤄낼 수 있었던 가장 큰 비법을 꼽으라면 나는 단연 '간절한 꿈'이라고 말한다.

물론 '꿈을 품는다'는 것만으로 그것이 가능하냐고 의아해할 수도 있을 것이다. 그런데 생각해 보라. 내가 우주를 꿈꾸지 않았다면 지금의 스타스페이스를 만들어낼 이유가 있었을까. 만약 에디슨이 요리사를 꿈꾸었다면 과연 그가 전구를 발명할 수 있었을까 말이다. 에디슨은 과학자를 꿈꾸었기에 과학자가 된 것이다.

꿈을 이루기 위해서는 제일 먼저 그 꿈을 가슴 깊숙한 곳에 심고 새겨야 한다. 그리고 절대로 그 꿈을 놓아서는 안 된다. 사랑하는 사람을 가슴에서 놓는 순간 그 사랑이 깨어지듯 꿈도 포기하는 그 순간 우리와 영원히 멀어지고 만다.

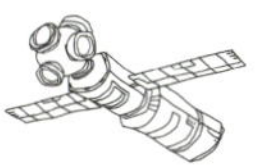

꿈을
시대의 흐름에 맞춰라

기회는 때론 예기치 못한 곳에서 찾아온다. 그리고 설명할 수 없을 만큼의 강한 힘으로 우리를 이끈다. '우주'를 향한 나의 꿈이 내가 전혀 예상하지 못했던 그곳에서 그토록 강렬하게 나를 끌었던 것처럼 말이다.

은행 지점장 시절부터 나는 부동산 강의나 금융 강의 외에 부자학의 한 부분으로 '인테크^{Atech}'에 관한 강의를 하곤 했는데, 강의하던 그룹 중에 '아비투스'라는 멤버십이 있었다. 아비투스^{Habitus}는 라틴어로 특정한 사회적 환경이나 영향으로부터 생긴 개인의 성향이란 뜻이다. 환경과 영향은 단순한 습관이나 한순간의 우연으로 설명할 수 없다. 평생 쌀밥을 먹다가 갑자기 하루 세끼를 양식으로 먹으라고 한다면 그건 고역이 될 수도 있다. 그래서 '아비투스 멤버십'은 성공하는 문화, 즉 부자가 되는 습관을 만드는 환경을 만들자는 취지가 담겨 있다.

어쨌건 나는 한동안 그 아비투스 멤버십에서 1주일에 한 번씩 강의를 했다. '성공을 이루기 위해서는 혼자가 아닌 함께해야 하며 신뢰로 노력해야 한다.'는 것이 강의의 주된 내용이었다.

"그런데 우리 지점장님은 꿈이 뭡니까?"

강의 중간에 잠깐의 여흥을 가지자는 의도였는지는 몰라도 누군가 불쑥 내 꿈을 물어왔다.

"그러게 말입니다. 지점장님 꿈을 여태 못 물어봤네요."

다른 사람들도 동조하고 나서자 난 잠시 교재를 덮었다. 그리고 사람들의 성화에 못 이기는 척 이야기보따리를 풀어놓았다. 그 순간까지도 나는 그것이 나에게 찾아온 몇 안 되는 기회 중 하나라는 것을 까맣게 모른 채 말이다.

"어린 시절 나의 꿈은 비행기 조종사가 되어 하늘을 나는 것이었습니다." 말문을 열면서도 나는 사람들의 반응에 별다른 기대를 하지 않았다. 누구나 가슴속에 꿈 한두 개씩 없는 사람이 어디 있으며, 그렇다 보니 다 거기서 거기인 남의 꿈 얘기가 뭐가 그리 흥미 있을까, 라는 생각이 들었던 것이다. 그런데 사람들의 표정이 조금씩 바뀌어가기 시작했다. 편한 자세로 의자에 기대어 앉아 듣던 사람들이 어느덧 상체를 앞으로 숙여 경청하고 있는 게 아닌가. 그러다 그 중 한 명이 호탕하게 웃으며 농담 같은 말을 던졌다.

"하하하. 하늘을 나는 것이야 이미 이루지 않으셨습니까? 그것도 퍼스트클래스에 앉아 편안하게 말입니다."

당시 업무상 비행기 탈 일이 많았던 나는 주로 해외무역이나 항공사·여행사 쪽 업무 때문에 주로 퍼스트클래스를 이용했다. 아마도 그것을 두고 하는 말인가 싶어 나는 허허거리며 웃음으로 답하고 넘어갔다.

그런데 나의 이런 가벼운 응대와는 달리 상대의 표정은 진지하게 변해갔다.

"지점장님, 꿈은 시대의 흐름에 맞게 변해야 합니다. 어릴 때 가졌던 조종사의 꿈을 이제는 시대의 흐름에 맞게 우주인의 꿈을 그려보는 게 어떻겠습니까? 세상이 발전한 만큼 지점장님의 꿈도 발전하셔야죠."

'베풀고 존경받는 행복한 부자'가 되어 '하늘'을 향한 내 꿈을 이루겠노라며 애써 스스로를 위로하며 살던 시절이었다. 물론 그때도 지금도 나는 '아름다운 부자'가 되기 위해 열심히 나아가고 있다. 그런 나에게 누군가 '우주'를 말했고, 결국 그것은 나의 인생에서 새로운 막을 여는 출발점이 되었다.

"하하하, 어떻게 아셨습니까. 제가 가슴속에 우주를 품은 것을 말입니다. 하늘이나 우주나 알고 보면 다 하나로 이어져 있는 것 아니겠습니까. 기왕이면 더 큰 꿈을 품어야 더 많은 것을 이룰 수 있는 것이죠."

순간의 만남이 또 다른 나의 운명을 바꾸는 순간이었다.

혹시나 강의가 지루해질까 봐 꺼낸 꿈 이야기는 끝을 모르고 이어졌고, 다음 강의 내용이 밀린 나는 '꿈을 크게 갖자'는 말로 꿈 이야기를 마무리 지으려 했다. 그때였다.

"지점장님, 러시아에 가면 우주정거장 '미르'라는 게 있습니다."

느닷없는 '미르'의 이야기는 묘하게 나의 흥미를 끌었다. 더욱이 우주정거장이란 말에는 은근슬쩍 웃음으로 얼버무릴 수가 없었다.

"미르요?"

"네. 사실, 몇 년 전 한국에서 다른 분이 먼저 임대해 와서 전시회를 열었는데, 그 시기가 너무 이른 탓에 크게 성공하지 못했다고 하더군요. 그래서 지금은 다시 러시아에 반납했다고 합니다. 그런데 지점장님이라면 그 '미르'를 가지고 끝내 못 이룬 우주인의 꿈을 이룰 수 있을 것 같습니다."

즉흥적으로 나온 제안이긴 했지만 '미르'라는 말에 내 가슴은 오랜 첫사랑 여인을 다시 만난 듯 방망이질 치기 시작했다. 지난 세월 동안 애써 묻어두었던 나의 꿈은 예기치 못한 곳에서 고개를 내밀었고 그렇게 강한 열망으로 피어올랐다.

하지만 환희도 잠시, 나는 이내 씁쓸한 미소를 지었다. 일개 월급쟁이에 불과한 내가 '미르'를 바란다는 것은 지나친 욕심이란 것을 너무나 잘 알았기 때문이다. 하지만 이러한 나의 현실과는 별개로 '미르'는 너무나 강하게 나를 끌었다.

‘미르’가 왜 그토록 끌렸는지는 단지 논리만으로 설명하기 힘들다. 아마 ‘미르’는 나와 필연적으로 만나게 될 운명이었던 모양이다.

“하하. 그거 정말 괜찮은 생각이군요!”

나는 호기롭게 웃었지만 마음은 안타까움으로 넘쳐났다. 단순히 하늘을 날고 싶다, 우주인이 되고 싶다는 본능적인 욕구가 아니라, ‘미르’는 사업적으로도 충분히 가치 있는 존재란 생각이 들었다. 당시 우리나라는 우주항공 10대 강국을 노리며 우주로의 진출을 모색하던 시점이었기 때문에 ‘우주정거장’이라면 충분히 그 길을 열어줄 것이라는 생각이 스쳤던 것이다. 끝내 이루지 못한 조종사의 꿈을 이 미르를 통해 이룰 수 있겠단 생각도 들었다.

“그러지 말고 우리 모두 돈을 합쳐서 그 ‘미르’를 사오는 게 어떻겠습니까?”

누군가 무심결에 툭 내뱉은 그 말에 나의 온 신경이 집중됐다. ‘정말 그 방법이 있구나!’라는 생각이 든 것이다. 나는 숨을 죽인 채 사람들의 표정을 살폈다. 사람들은 서로의 얼굴을 바라보며 “그거 좋은 생각이네!”라며 고개를 끄덕였다.

“정말 그래봅시다!”

우리는 즉석에서, 함께 돈을 투자해서 ‘미르’를 살 것을 결정했다. 모두들 ‘미르’가 최소한의 사업적 가치는 있겠다는 판단을 한 것이었다. 나는 새삼스레 ‘나’가 아닌 ‘우리’의 힘에 놀랐다. 혼자라면 꿈도 꿀 수 없었던 ‘미르’가 그렇게 ‘우리의 힘’으로 ‘우리의 것’이 된 것이다.

미르를 처음 만나러 가던 날 얼마나 가슴이 뛰던지, 아내와의 첫 데이트에 나가며 몇 번을 거울 앞에 서고 또 서고를 반복하던 그 날 같았다. 그렇게 미르와의 첫 만남이 이루어졌다. 그런데 '미르'는 우리의 생각만큼 크지도 훌륭하지도 않았다. 어떤 이는 "이 고철이 과연 그만한 가치가 있나?"라며 회의적인 눈으로 바라보기도 했다. 하지만 나는 달랐다. 내 눈에는 그것이 살아 숨쉬던 생생한 우주 공간이 함께 보였다. 미르는 비록 우주정거장으로서의 수명을 다한 상태였지만 저 하늘, 저 우주에 떠다니던 '꿈의 구현체'였던 것이다.

나는 천천히 미르의 몸체에 손을 가져다댔다. 차가운 표면의 느낌은 마치 공기도 없는 우주의 느낌과도 같았다. 하지만 그것은 그 누구의 심장보다도 더 역동적으로 살아 움직이고 있었다. 미르는 비록 할리우드 SF 영화에 나오는 세련된 우주선은 아니었지만 그 투박한 모습은 오히려 광활한 우주 공간에 떠다니는 믿음직스러운 꿈의 동반자로 여겨졌다. 함께 투자했던 대부분의 사람들 역시 이런 느낌이 들었는지 연신 '미르'의 안팎을 들여다보고 매만지며 들떠 있었다.

이렇게 전격적으로 투자가 이루어져 나한테 오게 된 '미르'는 감격적이던 그 첫 만남과는 달리 한동안 나에게 예상치 못한 눈물만을 안겨주었다. 사업이란 게 늘 그렇듯이 부침이 있다고 하지만 내 인생에서, 그것도 역동의 청·장년기를 이미 지나 이제 편안한 노후를 준비해야 하는 시점에서 인생의 나락까지 경험하게 되리라곤 상상도 못했던 것이다. 매달 지불되는 보관료와 유지비는 기어이 나를 파산 직전까지 몰고 갔다.

하지만 그럴수록 나는 '미르'에 대한 연구를 멈추지 않았다. '미르' 때문에 힘든 만큼 나는 그것을 절대 포기할 수가 없었던 것이다. 그보다 미르에 대한 나의 연구가 깊어질수록 나는 점점 더 '미르'에 대해 많은 것을 알 수 있었다. 그리고 '미르'가 나의 꿈을 실현시켜 줄 것임을 더욱 강하게 확신했다.

수년이 흐른 지금도 그때의 일을 떠올리면 긴 한숨부터 먼저 나온다. 솔직히 그 순간만큼은 다시 돌아가기 싫을 정도로 넘기 힘든 고갯길이란 생각 때문이다. 하지만 난 그때 포기하지 않았던 내 판단에 감사한다. 힘들다고 그만둘 거였으면 애초에 꿈도 꾸지 않았을 것이다. 꿈을 꾸는 것은 누구나 할 수 있다. 하지만 그것을 지키고 이뤄나가는 것은 고통을 참고 인내하는 자의 것이다.

이제는 많은 세상 사람들이 우주항공시대를 예상한다. 어느 국제 딜러가 수천만 달러의 매수제안서를 가져와 나에게 수많은 제안을 하는 것을 보며 사람들은 '미르'를 소유하고 있는 나에게 "정말 운이 좋다."라는 말을 한다. 그럴 때면 나는 허허 웃으며 "예, 정말 운이 좋지요."라고 대답한다. 그렇다. 나는 정말 운이 좋다. 그러나 내가 말하는 운은 단순히 하늘이 던져주는 행운이 아니다. 운은 노력의 결과일 뿐이다. 특히 '시대의 흐름'을 읽는 노력이야말로 운을 부를 수 있는 가장 단초가 되는 행위이며, 이것이 바로 운을 끌어들이는 노력의 힘이기도 하다.

‘미르’ 때문에 경제적인 어려움을 겪은 이야기를 하면 “미르를 구입한 것이 조금 이르지 않았나요?”라는 질문을 해오는 분도 있다. 그러나 나는 다시 반문한다. “내가 그때 ‘미르’를 사지 않았다면 이미 우주시대로 들어선 지금 ‘미르’를 살 수 있을까요?”라고 말이다. 우주항공시대, 우주문화시대가 올 것임을 예상하고 그것을 미리 준비한 것이 나에게는 운이었던 것이다. 그리고 내가 끊임없이 연구하는 한 그 운은 사라지지 않을 것임을 나는 믿는다.

우주로 중국의 성벽을 두드리다

하늘이 모든 이의 꿈의 공간일 수 있는 것은 아마도 그것이 이 세상의 모든 곳과 연결되어 있기 때문일 것이다. 나 역시 그 하늘로 중국을 열고, 일본을 열고, 또 다른 세계를 열어가고 있으니 말이다.

2007년 겨울, 중국과 일본의 수차례 방문에서 나는 미처 예상하지 못한 엄청난 사업적 성과를 얻었다. 국내에서 추진 중인 우주항공 특구, 우주문화 종합관광단지 등의 사업 시행을 양국에서 아주 좋은 조건으로 제안받았던 것이다. 이를 화폐가치로 환산하면 수천억 원이 된다. 이 소식은 현지 신문과 국내의 신문에도 크게 보도되었는데, 더 중요한 것은 향후 관광수입의 잠재적 가치를 따지면 지금의 가치를 훌쩍 뛰어넘는다는 것이다.

지금 다시 생각해 봐도 놀라운 일이 아닐 수 없다. 어떻게 나에게 이런 엄청난 행운이 왔는지 말이다. 하지만 나는 이 모든 성과의 저변에는 시대의 흐름을 읽는 운이 있었음을 안다.

중국은 2003년, 2005년, 그리고 2008년 유인 우주선 ‘선저우^{神州} 5·6·7호’ 발사가 잇달아 성공하면서 우주시대 개막을 선언하며 이제는 아시아 국가 가운데 우주개발에서 가장 앞선 나라가 되었다. 그러나 애초의 우주개발은 러시아가 시작하였고, 미국과 각축을 벌이는 상황에서 중국은 후발주자의 이미지가 너무 강했다. 그러다 보니 선두주자인 러시아를 은연 중 의식하고 있었던 터에 러시아 우주항공의 상징이라 할 수 있는 ‘미르’는 그들에게 각별한 상징으로 와 닿았던 것이다. 또한 아시아 전체를 아우를 수 있는 ‘디즈니랜드’를 만들겠다는 중국 정부의 의지까지 더해지면서 스타스페이스에 대한 제안은 그들의 미래에 부합하는 사업으로 평가받은 것이다.

추운 겨울, ‘미르’ 관련 사업의 타당성을 검토하기 위해 중국의 2개 성을 방문했던 나는 공항에서부터 놀라움을 금치 못했다. 한국에서 ‘미르’ 관련 사업이 될 듯하다가 이런저런 이유로 자꾸 꼬이던 중에 중국에서 관련 사업을 유치해 보자는 생각으로 출장을 왔던 나로서는 소란스러운 분위기에 괜히 주눅이 들었던 것이다. 그런 생각으로 출국장으로 나설 때였다.

“저 차가 회장님을 에스코트하기 위해 나온 차입니다.”

나는 통역관의 말에 무슨 그런 농담을 하냐며 웃었다. 그런데 공항을 나서니 내게 큰 꽃다발 두 개가 안겨져 오는 것이었다. 게다가 공항 활주로에는 경찰차가 나를 에스코트하기 위해 대기하고 있었고, 내가 타야 할 차와 내 수행원들이 타야 할 차, 중국의 정부 공무원들이 타야 할 차들이 줄을 지어 대기하고 있었다.

나는 영문을 몰라 어리둥절해했다. 사업상 처음 방문한 중국이었기에 이런 대접이 관행적인 것인가 싶기도 했지만 그렇다 하더라도 너무 과분한 환대였다. 평범한 사업가의 신분으로 중국을 방문한 내가 최고의 영접을 받은 것이다.

그런데 나는 얼마 지나지 않아 그들의 깊은 의중을 알 수가 있었다. 그들의 환대는 내가 제안하고자 하는 우주항공사업에 대한 막대한 관심과 그 사업적 가치를 인정한 데서 나온 것이었다.

당시 중국은 2008년 춘절을 기점으로 3D업종을 내보낸다는 발표를 했던 터였다. 중국 내의 외국기업을 내보내고 나면 분명 많은 실업인구가 생길 것이 예상되었다. 그것을 감수하고서라도 그들은 시대의 흐름에 뒤처지는 업종들을 내보내려 했다. 그리고는 미래 산업의 대표가 되는 IT(Information Technology, 정보 기술)와 ST(Space Technology, 항공우주 기술)를 두 손 들고 환영하는 것이다. 결국 내가 시대의 흐름을 읽지 못한 채, 섬유나 피혁 등의 가공 산업을 제안하기 위해 중국을 방문했더라면 환대는커녕 중국 땅을 밟지도 못할 뻔했던 것이다. 그렇게 생각하니 '우주'를 가슴에 품고 살았던 것이 얼마나 다행인가 싶었다.

꿈은 늘 가슴에 심고 간직해야 한다. 그러나 그 꿈은 늘 변화할 줄도 알아야 한다. 바꾸는 것이 아니라 한 단계 도약을 하라는 것이다. 하늘을 나는 비행사의 꿈에서 우주를 나는 우주인의 꿈으로 시대의 흐름에 맞춰 도약시켰듯, 꿈만 꾸며 살기보다는 삶에 꿈을 맞추자는 것이 나의 생각이다. 만약 지금껏 내가 비행사의 꿈을 고집했더라면, '미르'를 처음 소개 받았을 때 나는 '에잇, 비행기가 아니잖아.'라며 코웃음을 쳤을지도 모를 일이다. 아마 그랬다면 시대의 흐름에 따른 우주문화 사업가로서 지금의 나는 존재할 수 없었을 것이다.

이처럼 시대의 흐름을 읽는 안목은 꿈을 이루고자 하는 사람에게 운을 불어넣어 주는 일이다. 누구는 하는 일마다 꼬이는 반면 누구는 하는 일마다 대박이 난다. 사업을 시작했는데 때마침 호황을 이루고, 시작한 사업 분야가 시대의 흐름에 딱 들어맞고, 구입했다 하면 부동산 가격이 갑자기 오르는 것은 우연히 찾아온 행운이 아니다. 그들은 시대의 흐름을 읽고 있었던 것이다.

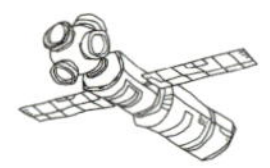

이루어진 꿈,
그 속에서 살아라

햇살이 좋은 날이면 나는 가끔 하늘을 올려다보며 지그시 눈을 감는다. 그리고 내가 간절히 꿈꿔온 것들과 지금 간절히 꿈꾸는 것들을 찬찬히 떠올린다. 그러면 어느새 그것들은 내 눈앞에서 생생하게 형상화되고, 나를 한 발짝 더 앞으로 이끌어준다.

성공은 이미지다. 어떤 이미지로 자신의 미래를 그려내느냐에 따라 그 사람의 미래가 결정된다고 나는 믿는다. 지금 현재 풍족한 삶을 살아가는 사람이라 할지라도 가슴속에 구체적인 꿈의 모습들이 떠오르지 않는다면 그의 미래는 풍족함과는 점점 거리가 멀어질 것이다. 반면, 지금 현재 초라한 모습일지라도 가슴속에 미래에 성공한 자신의 모습, 꿈이 실현되는 장면들이 항상 떠오른다면 그 사람의 미래는 자신이 꿈꾸는 대로 될 것이다.

스타스페이스 사무실에 들어서면 벽에 액자가 하나 걸려 있다. 사무실을 처음 방문하는 사람이라면 누구나 그 그림에 관심을 보인다. 순수 예술을 하는 분들이 보면 그다지 대단한 예술 작품도 아닐 그 그림에 사람들이 그토록 관심을 보이는 이유는 딱 하나다. 바로 자신들의 소망과 일치한다는 것이다.

지점장 시절, 나는 어떤 강의에서 앞으로 이루고 싶은 꿈과 바람을 이야기한 적이 있었다. 그런데 강의를 듣던 화가 한 분이 내 이야기를 듣고는 그림을 그려 오신 게 아닌가. 난 그 그림을 보고 놀라지 않을 수 없었다. 내가 편히 쉬고 싶은 별장, 내가 타고 싶은 차, 내가 이루고 싶은 화목한 가정, 그리고 '베푸는 부자'를 실현할 한국판 록펠러재단 등 나의 꿈과 바람을 정확하게 묘사한 것이다.

"아니, 제 머릿속에 들어왔다 나가신 것도 아닐 텐데 어떻게 이렇게 똑같이 그려내십니까?"

머릿속에서만 맴돌던 것들이 그림으로 형상화되어 나왔을 때, 나는 '바로 이거다!'라며 놀라움을 금치 못했고 기이하기까지 했다. 그는 내가 생각한 건물의 모양새까지 그대로 그려낸 것이다.

"그거야, 지점장님이 너무나 생생하게 자신의 이야기를 해주시니 그럴 수밖에요."

그 화가는 오히려 내가 그것들을 그토록 생생하게 설명할 수 있었다는 것을 더 의아해했다.

"이루어진 꿈 속에 살면 이미 그것들은 내 것인데 생생하게 설명해

낼 수밖에요."

나는 그분에게 거듭 감사의 말을 전했다. 그 그림으로 인해 나는 더 절실하고 더 생생하게 꿈꿀 수 있으며 더 많은 것을 이뤄낼 것이 분명했기 때문이다. 이후로 그 그림을 내가 일하는 곳마다, 그것도 가장 명당으로 보이는 좋은 자리를 골라 벽에 걸어둔다. 지금 그 그림은 스타스페이스 사무실에 떡하니 자리를 잡고는 하루도 빠짐없이 나를 채찍질하고 있다. 특히 일이 잘 풀리지 않아 힘든 순간이 되면 나는 찬찬히 그림 속의 장면들을 떠올린다. 그리고 생생한 그 이미지들을 통해 나는 다시 앞으로 나아갈 힘과 용기를 얻는다.

꿈은 볼 수 있어야 한다

어느 날, 아비투스 멤버십들에게 나의 꿈 그림을 보여줄 기회가 있었다. 성공에 대한 관심이 남다른 분들이라 그들은 나의 그림을 보며 감탄을 아끼지 않았다. 그들 역시 그림의 예술적인 가치보다 꿈의 실현이란 상징으로 받아들였던 것이다.

좋은 집, 좋은 차. 어찌 보면 정말 세속적이고 속물적인 바람일 수 있다. 그러나 나는 가장 속물적인 것이야말로 가장 진실한 것이라고 생각한다. 그 본능을 만족시키기 위한 노력은 그야말로 절실할 수밖에 없으며 그 절실함이 꿈을 이루는 원동력이 되는 것이다.

"꿈은 글로 쓰면 성취율이 높아진다고 하죠. 그런데 그것을 그림으

36

로 그리면 성취율이 훨씬 더 높아진다고 합니다.”

“그래요? 그러면 우리도 이 그림을 하나씩 나눠 가져도 될까요?”

그 사람은 즉석에서 카메라를 꺼내더니 사진을 찍자고 하였다. 사람들은 좋은 생각이라며 박수를 쳤고, 나는 흔쾌히 그림을 내밀었다.

“그러지요. 우리 모두 이 그림을 보며 이루어진 꿈 속에서 살아봅시다. 하하하.”

꿈은 꾸는 것이 아니라 보는 것이며, 더 나아가 그 속에 사는 것이다. 스포츠 과학에 이미지 트레이닝이라는 훈련법이 있다. 실제 몸을 움직여서 하는 훈련법이 아니라 상상 속에서 그려보는 연습을 말한다. 상상 속에서 경기를 해도 우리 몸은 그것이 상상인지 현실인지 구분하지 못하고 자극을 실제처럼 느낀다. 레몬의 신맛에 침이 나왔던 경험을 한 사람이라면 레몬만 봐도 저절로 입 안에 침이 고이듯 말이다. 이것은 훈련에 의해 특정 자극에 반응하는 신경세포가 생기고, 그 신경세포는 일정 기간이 지난 뒤에도 제 역할을 한다는 사실을 말해주는데, 꿈도 예외가 아니다. 이미지 트레이닝에 의해서 우리 몸은 성공세포를 만들어낼 수 있다. 그리고 그렇게 만들어진 성공세포로 상상을 현실로 만들면 된다.

월트 디즈니는 아홉 살이 되던 해부터 아르바이트를 하며 만화영화사를 차린 자신의 모습을 상상했다고 한다. 그리고 실제로 젊은 나이에 만화영화 사업가로서 성공을 거두게 된 그는 전례 없는 ‘디즈니랜드'라는 테마파크를 만들고 대성공을 거두었다. 디즈니랜드의 성공에 힘입어 월트 디즈니는 다시 대규모의 '디즈니월드'를 짓기로 했다. 하지만 아쉽게도 그는 디즈니월드가 채 완성되기도 전에 폐암으로 세상을 떠나고 만다.

디즈니월드가 개장하던 날 그의 친구가 "만약 월트 디즈니가 살아서 이 장면을 본다면 얼마나 기뻐했을까요."라며 월트 디즈니의 미망인에게 안타까운 마음을 전했다. 그러자 그녀는 "남편은 죽기 전에 이 장면을 여러 번 보았습니다. 그는 이미 완성된 디즈니월드 속에서 살았기 때문이죠."라고 말했다.

이것이 바로 꿈의 힘이다. 이루고 싶은 꿈이 있다면 그 모습을 그리고 그 속에서 살면 된다. 월트 디즈니가 그의 꿈 속에 살았듯, 그리고 내가 우주정거장 '미르'를 만난 이후 우주항공 사업을 꿈꾸며 그 속에서 살고 있듯, 이미 이루어진 꿈 속에 산다면 언젠간 반드시 그 꿈은 현실이 되는 것이다.

또한 꿈은 볼 수 있어야 한다. 볼 수 없는 목표는 이루어지지 않기 때문이다. 크고 훌륭한 집을 갖기를 소망하되, 예컨대 방은 적어도 5개는 되어야 한다, 정원에는 아이들이 뛰어놀 수 있는 잔디와 그네가 있어야 한다, 2층에는 와인바를 두고 아내와 오붓하게 와인을 즐길 수 있어야 한다 등 눈에 보이듯, 그리고 실제 그 속에서 살 듯 절실하게 꿈꿔야 한다. 그럴 때만이 꿈이 현실과 더욱 가까워질 수 있는 것이다.

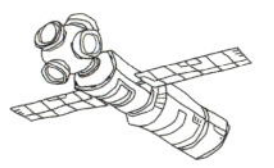

함께 가야
멀리 갈 수 있다

가끔 혼자 밥을 먹을 때가 있었다. 그런데 왠일인지 혼자 책이나 신문을 보며 밥을 먹다 보면 십중팔구 체하는 경우가 많았다. 밥 한 끼 먹는 것도 혼자면 이럴진대 하물며 살아가는 것은 오죽할까.

사람은 혼자 살지 못한다. 굳이 아리스토텔레스의 "인간은 사회적 동물이다."라는 말까지 하지 않아도 '여럿이 함께'는 인간의 가장 본능적인 성향인 것이다. 한강 둔치에서 마주치는 사람들도 대부분 함께 걷거나 함께 달린다. 눈에 드러나는 큰 도움이 아니더라도 사람들은 서로의 존재 자체에서 안정감을 느끼며 힘을 얻기 때문이다.

물론 "제발 잠시라도 좋으니 혼자 있어 봤으면 좋겠다."는 사람도 있을 것이다. 그런데 그 바람은 '잠시'라는 전제가 꼭 필요하다. '잠시'가 아닌 '영원히'라면 어느 누구도 혼자이길 소망하지는 않을 테니 말이다.

　은행에 몸담고 있던 시절, 나는 차장이 되기까지 정말 정신없이 일만 했다. 대부분의 은행원이 그러하듯 나 역시 조직의 최고 자리인 지점장이 되는 게 목표였다. 그래서 목표를 향해 좌우고면(左右顧眄) 하지 않고 한 발짝씩 다가갔다. 행원 시절엔 대리를, 대리 시절엔 차장을 목표로 오로지 앞만 보고 달렸다. 목표를 향해 달려가는 나를 포기하지 않게, 그리고 더욱 신명나게 했던 건 '사람들'이었다. 직장동료들과 팔을 걷어붙이고 일하는 것도 신났고, 긴장의 연속이던 업무에서 벗어나 넥타이를 풀고 소주잔을 기울이는 것도 너무나 좋았다. 뿐만 아니라 나를 찾는 고객들과 비즈니스 인맥을 맺으며 그들과 어울린다는 것이 정말 좋았다.

　그러다 과장이 되고 흥에 겨워 일을 하던 나에게 생각지도 못했던 일이 터졌다. 가까이 지내던 친구 가족을 불러 집에서 함께 저녁식사를 할 때였다. 그 친구는 얼마 전 업무 때문에 다녀온 캐나다 이야기를 식탁의 화제로 올렸다. 이국의 풍경과 살기 좋은 환경을 이야기하던 그 친구는 불쑥 아이들의 교육 문제를 끄집어냈다.

　"나는 이미 마음을 정했네. 자네도 이참에 같이 준비하는 게 어떻겠나. 아이들도 혼자인 것보다 친구와 같이 가면 서로 의지도 되고 좋을 것 같은데 말이야."

　그 친구는 이미 아들을 유학 보내기로 결심한 듯했다. 그때였다.

"아빠, 저도 좀 더 넓은 세상에서 공부해 보고 싶어요."

묵묵히 어른들의 이야기를 듣고 있던 첫째가 입을 열었다. 다소 놀라긴 했지만 평소 모범생으로 성적도 우수했던데다 워낙에 진취적인 성향을 가진 아이인지라 나는 녀석의 의견을 마냥 무시할 수만은 없었다. 좀 더 신중하고 현명한 판단을 내려야 한다는 생각이 들었다. 나는 우선 아내의 표정부터 살폈다. 아이를 멀리 유학 보내고 아내가 견뎌낼 수 있을까 하는 염려가 든 것이다. 그런데 의외로 아내는 아이의 의견에 순순히 동의를 했다. 아마도 한때 유학의 꿈을 접어야 했던 자신의 아픔을 떠올리며 아이들만이라도 소망하는 삶을 살라는 뜻이었으리라 짐작된다. 그렇게 첫째 녀석이 멀리 캐나다로 떠나버렸다.

그런데 막상 첫째를 먼 타국으로 유학을 보내자 아내는 늘 노심초사했다. 말도 잘 통하지 않는 그곳에서 아이가 외롭지는 않은지, 음식은 입에 잘 맞는지, 걱정하는 아내의 모습이 안쓰러울 정도였다. 첫째가 여름방학을 맞이하자 아내는 아이가 잘 지내는지 직접 보고 오겠다며 캐나다 행 비행기에 올랐다.

그런데 문제는 거기서부터 시작되었다.

"여보, 나 한국으로 돌아가지 못할 것 같아요."

아들은 타국의 다른 문화와 언어로 인해 심리적 안정을 찾지 못하고 있었고 입에 맞지 않는 음식 때문에 많이 수척해진 상태였던 것이다. 그 모습을 본 아내는 마음이 많이 아팠는지 아들과 함께 그곳에 남기로 결심한 것이다.

"어차피 당신은 은행 업무 때문에 바쁘잖아요. 우리 몇 년만 고생해요. 그리고 공부가 끝나면 다시 한국에 들어갈 거잖아요. 그동안 당신은 좀 더 일에 매진할 수 있고……."

"일단 들어와서 이야기하자고. 갑자기 그렇게 결정할 수는 없는 일이지 않소."

아내의 결심은 확고했지만 나는 갑작스레 이산가족이 되어야 하는 그 상황을 선뜻 받아들이기가 힘들었다. 내가 일단 한국으로 돌아와서 얘기하자며 아무리 설득을 해도 아내는 자신의 결심을 바꾸지 않았다. 오히려 둘째아이까지 수속을 밟아 캐나다로 보내 달라고 말하는 것이었다.

둘째의 유학 이야기까지 나오자 나의 인내심은 바닥을 드러내었다. 나는 유학 바람이 불어도 단단히 분 것 같다며 불같이 화를 냈다. 그때였다. 제 엄마와의 통화를 듣고 있던 둘째 녀석이 자기도 형을 따라 유학을 가겠다고 말해오는 것이었다.

"아빠, 솔직히 저는 제 미래가 불안해요. 학교와 학원을 오가며 공부를 하고는 있지만 정작 이것이 제가 진정으로 원하는 것인지 잘 모르겠어요."

마지막 남은 둘째 녀석까지 나를 떠나려 하니 섭섭한 마음을 넘어 서러운 마음까지 들었다. 하지만 나는 또박또박 제 의견을 말하는 둘째 녀석에게 더 이상 어떤 반대도 할 수 없었다. 그렇게 나는 또다시 한 발짝 물러서야 했다.

"아빠, 죄송해요. 대신 제가 정말 열심히 공부해서 꼭 훌륭한 사람이 될게요."

혼자 남겨진 내가 안쓰러웠던 모양인지 둘째는 공항에서 연신 미안하다는 말을 했다. 나는 그런 녀석에게 차마 눈물을 보일 수는 없었다. 대신 '극기하라', '유학의 목적을 잊지 마라', '아빠의 자식임을 잊지 마라'는 당부와 그 어디에 있어도 결코 잊어서는 안 될 삶의 실천덕목을 적어서 코팅한 종이를 목에 걸어주었다.

"네, 아빠. 명심할게요."

둘째아이는 그렇게 가슴에 걸린 그것을 손으로 꼭 움켜쥐며 유학길에 올랐다.

아무런 예고나 준비 없이 이 모든 일이 일어났고, 나는 혼자 외로운 기러기아빠가 되었다. 계획에도 없는 갑작스런 아이들의 유학, 게다가 아내까지 떨어져 지내야 하는 상황은 도전과 변화라기보다는 크나큰 상실로 내게 다가왔다. 가족들에게 나는 무엇이며, 오로지 그들을 위해 살아왔던 내 지난날들은 무엇이란 말인가. 모든 것이 헛되고 부질없는 것인 양 느껴졌다.

공군사관학교도 항공대학도 아닌 상경대를 진학한 이후 부자가 되겠다는 바람으로 은행원이 되었고, 가족과 아름다운 삶을 사는 것이 꿈이었던 나는 차곡차곡 모은 월급으로 마침내 내가 꿈꾸던 넓은 집을 장만했었다. 불암산을 앞마당처럼 쓸 수 있는 아파트였다. 그리고 그 넓은 집은 한동안 우리 가족의 화목함을 더해 주었고, 내가 꿈꾸던 삶을 이루어가고 있다는 믿음의 상징이었다. 그런데 가족이 모두 다 떠난 그 집은 오히려 나에게 가장 머물기 힘든 곳이 돼 버렸다. 안방에서 아이들 방을 지나 현관까지 가는 동안 나는 천리 길을 걷는 듯한 아득함을 느꼈다. 괴로워하던 나는 다시 집을 줄여 작은 아파트로 이사해 버렸다.

이후로 몇 년 동안 나는 가족들이 모두 떠난 빈 집에서 외롭고 힘겨운 나날을 보내야 했다.

★ 가까이에 있는 사람에게 충실하라

언제부턴가 사람들은 나를 '인맥의 달인'이라 부른다. 타고난 성격이 사람 사귀기를 좋아하고 인연 맺기를 좋아하는 나이지만 그것만으로 내가 인맥의 달인이 된 것은 아니다. 한때 나는 사람이 얼마나 필요한 존재인가를 절실하게 경험한 적이 있다. 그때 이후로 '사람'은 내게 가장 귀한 재산이 되었다.

가족이 모두 이역만리 타국으로 떠나버린 후, 더 이상 나를 기다릴 가족이 없다는 생각은 더욱더 나를 일에 매진하도록 만들었다. 그렇게 미치도록 일에 몰두한 결과였는지 내가 목표했던 최고의 자리인 지점장까지 올라가게 되었다. 하지만 최고의 자리에 올랐다는 기쁨도 잠시, 나는 지점장실의 의자에 푹 파묻힌 채 텅 빈 마음의 허전함을 달래야만 했다. 누구나 자신의 목표를 달성하고 나면 일시적인 허탈감이 찾아온다고 하지 않던가. 나 역시 지점장이라는 최종 목표를 달성하고 난 뒤 한동안 극심한 허탈감에 시달려야 했다.

일의 측면에서 본다면야 당시 조흥은행에서 몇 번의 기록을 갱신하며 인정받는 지점장이었던 나는 자부심과 자신감이 충만한 상태였다. 그런데 나의 넘치는 에너지와는 달리 직원들과의 관계는 보고와 결재라는 수직관계로 점점 단순화되고, 고객 역시 VIP고객들로 한정되었다. 현장에서 동료들과 함께 뛰면서 에너지를 얻고, 또 시너지를 발휘하던 성취감은 물론, 고객들을 만나며 느끼던 생동감마저 사라진 것이다.

"지점장님. 저, 여기 결재 좀……."

"어디 보자. 이건 뭐지?"

순간 결재를 받으러 온 직원의 얼굴에서 긴장감이 느껴졌다. 나는 어떻게든 한 마디라도 더 말을 붙이려고 던진 말이었지만 직원에게 나는 그저 상사일 뿐이었다. 은행처럼 위계질서가 분명하고 보수적인 조직에서는 아무래도 상사의 질문에 경직된 반응을 보이는 경우가 많다. 질문을 할라치면 벌써부터 목에 마른 침 넘어가는 소리가 들리니 말이다. 단순히 숫자의 의미가 뭔지 물었을 뿐인데도 긴장하는 모습이 역력한 직원에게 제대로 된 커뮤니케이션을 기대한다는 건 무리다. 결국 결재서류를 가지고 들어오는 직원에게 특별히 전할 지시사항이 없으면 단순히 결재만 하게 되었다. 그래서인지 갈수록 사무실은 적막해지고 나는 활기를 잃어갔다.

시간이 갈수록 외롭다는 느낌이 강해졌다. 배부른 소리라 욕할지도 모르지만 어쨌건 당시의 나는 철저히 혼자라는 생각을 떨칠 수가 없었다. 젊었을 땐 은행 지점장의 넓은 사무실이 출세와 성공의 상징으로 보였지만 정작 그 자리에 홀로 있어 보니 너무나도 외로웠다. 절해고도絶海孤島에 남겨진 심정이랄까. 수많은 사람들이 들락거리는 은행이지만 난 갈수록 혼자만의 생각과 시간이 많아졌다. 직장에서의 소외감은 급기야 내 곁에 가족이 없음을 더욱 뼈저리게 느끼게 해주었다. 외로움과의 싸움으로 나는 급격하게 말수가 줄어갔고 사람들과의 교류도 점점 줄어들었다. 마침내 내 몸마저 여기저기서 이상신호를 보내오기 시작했다. 하루에 몇 번씩 열이 올랐다 내렸다 하고 심장은 터질 듯 쿵쾅거리고 있었던 것이다.

"큰 병원에 가보셔야 할 듯합니다."

감기 몸살 증세거니 하고 들렀던 동네 병원에서 의사는 큰 병원에 갈 것을 권했다.

"예? 제 몸이 많이 안 좋은 겁니까?"

"그게 아니라, 솔직히 저로서는 딱히 어디가 안 좋으신지 잡아내기가 힘듭니다. 말씀하시는 증세는 결코 가볍지 않은 증세인데 몸에는 딱히 특별한 이상이 없으니 말입니다."

그렇다면 내가 꾀병이라도 부리고 있다는 말인가. 나는 분명 시름시름 앓고 있는데 의사는 내 몸이 아주 건강하다고 말하니 어이가 없었다.

나는 다음날 바로 월차를 내고 대학병원에서 종합검진을 받았다.

"허허. 이거 20대 청년 못지않게 건강하십니다. 평소 몸 관리를 정말 잘 하시나 봅니다."

기쁘고 반가운 이야기임에도 불구하고 나는 답답하다는 표정을 감추지 못했다.

"제 견해로는 혹시 마음의 병이 아닌가 합니다. 근래 안 좋은 일을 겪으시거나 크게 상심하신 적이 있습니까?"

의사의 말을 듣자마자 나는 내 병의 원인을 알 수가 있었다. 결국 나의 외로움이 병의 근원이었던 것이다. 병의 원인이 무엇인지 알게 되니 왠지 모를 쓸쓸함이 짙게 느껴졌다. 순간 크게 한숨을 내쉰 나는 직장에서의 소외감, 가족들과의 이별에 따른 외로움을 의사에게 토로했다.

혼자라는 외로움은 감정의 사치가 아니라 생명의 근원에 영향을 준다. 인간은 나를 둘러싼 타인에 의해 완성되는 불완전한 존재다. 성공도 마찬가지다. 혼자 이룰 수 있는 것은 아무것도 없다. 가깝게는 사랑하는 가족과 함께, 나아가 동료와 함께, 그리고 나를 믿고 따라주는 소중한 인맥과 함께 이뤄가는 것이다.

아프리카 속담에 "빨리 가려면 혼자 가고, 멀리 가려면 함께 가라."는 말이 있다. 잠깐의 성공, 단기간의 성공을 바란다면 혼자 빨리 가면 된다. 그러나 커다란 목표를 달성하는 과정은 길고 먼 여정이다. 길고 먼 여정에 동반자가 없다면 그 길은 고행의 길이 될 수밖에 없다. 그래서 급기야는 지쳐 쓰러지게 된다.

함께하라는 것은 내 능력이 모자라니 남에게 기대거나 그들을 이용하라는 말이 아니다. 진정한 '투게더Together'는 서로의 이익을 위해 함께하는 것이고, 그들을 위한 것이 곧 나를 위한 것임을 깨달아가는 것이다.

가족은 내게 힘을 주는 꿈의 근원지다

가족은 신이 우리에게 준 가장 훌륭한 선물이다. 존재 그 자체만으로 너무나도 큰 힘이 되니 말이다. 더군다나 아이들이 무럭무럭 자라 부모의 삶을 이해하고 함께 기뻐하는 모습을 보면 가슴 짠한 행복감이 밀려온다.

그토록 소원하던 은행 지점장이 됐을 때였다. 주위 사람들이 여기저기서 축하와 격려의 전화를 해왔고 나는 일일이 감사의 말을 전하느라 정신이 없었다. 그때 둘째아들이 전화를 걸어와 감격해서 들뜬 목소리로 "아빠, 이제 꿈을 이루셨네요. 아빠의 꿈이 지점장이 되는 거였잖아요. 정말 축하드려요."라며 기뻐했다. 나는 아들에게 "이 모든 것이 우리가 함께하기 때문이다."며 진심으로 감사했다. 이어 큰아들에게도 전화가 왔다.

"아빠, 미국에서는 정상에 올라가면 파산하는 사람이 많다고 해요.

그러니 아빠도 조심하셔야 해요."

정상에 올랐을지라도 소득은 크게 늘지 않는 반면 사회적인 지위가 높아짐에 따라 지출은 늘어나기 때문에 그렇다며 이런 점을 특히 조심해야 된다는 말이었다. 나는 첫째의 진중한 충고에 기특해하고 감탄했다. 평소 씀씀이가 큰 것 같아 걱정했던 녀석이 사실은 돈을 벌고 모으고 키우라는 제 아비의 평소 메시지를 정확히 이해하고 있는 것 같아 흐뭇했던 것이다.

게다가 가족은 좋은 일만 반기며 축하해 주는 것이 아니라 힘들 때 서로를 보듬고 격려해 주며 주저앉지 않도록 힘을 주기도 한다. 오랜 시절 몸담았던 은행을 그만둘 때 내 마음이 편안했던 것만은 아니었다. 더군다나 새로운 일을 시작하기까지 얼마간의 공백기마저 생기니 적적한 것을 넘어 우울한 마음까지 들었다. 지난 수십 년간 아침부터 저녁까지 쉴 새 없이 움직이던 나날들이었다. 그런 나에게 갑자기 넘쳐나는 시간은 주체하기 힘든 부담으로 안겨왔다. 구름 덮인 하늘이 몹시도 을씨년스럽던 어느 날, 나는 딱히 어디를 가야 한다는 목적지도 없이 전철에 몸을 실었다. 창밖의 풍경을 무심히 바라보고 있을 때 전화가 한 통 걸려왔다. 둘째였다.

"아빠, 어디 가세요?"

어디를 가냐는 아들의 말에 나는 선뜻 대답을 못했다. 목적지도 없이 전철을 타고 오가는 아비의 못난 모습을 상상한다면 아들은 무슨 말을 해올까 걱정이 되었다.

"어, 아빠 일이 있어 전철 타고 어디 가고 있어."

나는 애써 목소리를 가다듬으며 말을 얼버무렸다. 그런데 아이는 한참을 그렇게 말이 없었다. 나는 녀석이 혹시나 눈치를 챈 것이 아닌가 염려하며 몇 번을 거듭해 아이를 불렀다. 그제야 녀석이 대답을 했다.

"……, 아빠. 그동안 너무 많이 수고하셨어요."

내 눈에서 눈물이 흘렀다. 떨리듯 내뱉은 막내의 그 짧은 한마디는 아직도 나에게 살아가는 힘이 된다. 아버지로서, 가장으로서 누구보다 열심히 살았음을 내 아들이 인정해 준 것이다. 나는 쏟아지는 눈물을 참으려 헛기침을 해댔다. 그때 수화기 너머로 아이의 울먹이는 목소리가 들려왔다.

"근데, 아빠는 은행 배지를 떼면 안 되는데……. 아빠가 그 배지를 달고 부하직원들을 데리고 열심히 일하시는 모습이 얼마나 보기 좋았는데요……."

내 눈에서 다시 눈물이 흘렀다.

"그리고 아빠! 이제는 사업도 꿈도 잠시 잊으시고 야구장에도 가시고 놀러도 가세요. 저는 프로야구장에서 한가하게 소주 마시며 구경하는 아빠들을 보면 얼마나 부러웠다고요."

아들에게 은행 배지는 꿈을 이룬 아버지의 상징이었다. 지점장을 꿈꾸며 그것을 이루기 위해 앞만 보며 달려오던 내 모습을 곁에서 지켜보았으니 말이다. 그런데 어느 날 갑자기 배지가 사라지자 아버지의 지난 삶이 순식간에 사라진 것으로 보였던 것이다. 그런 아버지의 모습을 지켜보던 아이의 상실감이 오죽했을지 짐작하고도 남는 일이었다. 나는 떨리는 입술을 질끈 깨물며 속으로 다짐했다.

'그래, 내 아들에게 절대 실망을 주지 않는 아비가 되자.'

난 그 이후로 스타스페이스 배지를 소중하게 여긴다. 아들에게 은행 배지가 꿈을 이룬 아빠의 표식이었듯 이제는 스타스페이스 배지가 그런 의미를 가지니 말이다.

두 아들이 나의 든든한 지지자라면 내 아내는 끝없이 나의 꿈을 채찍질하며 함께 나아가는 믿음직한 동지다. 그녀를 보면서 나는 흐려져가는 꿈을 되새기고 반드시 그것을 이루리라는 강한 열망을 품게 된다. 왜냐하면 아내 역시 평범한 주부의 삶을 살던 자신의 틀을 깨고, 꿈을 찾아 그것에 도전하는 삶을 살고 있으니 말이다.

아내는 세월이 갈수록 더욱 환하게 빛나는 사람이다. 나한테 없는 수많은 장점을 가지고 있음에도 불구하고 자신을 개발하려는 노력을 한시도 멈추지 않으니 말이다.

아내의 수많은 장점들 중에서도 나는 단연코 꿈을 향한 그녀의 열정을 가장 큰 장점으로 꼽는다. 아내는 그 어떤 역경에도 끝까지 자신의 꿈을 포기하지 않았다. 이미 장성해 버린 두 아들을 데리고 유학생활을 시작할 정도로 그녀는 열정적이었고, 그 열정만큼이나 강한 의지를 가지고 있었다. 그리고 마침내 유학에서 돌아온 아내는 교육학 박사 과정에 도전하여 학위를 따내고 강단에 서게 되었다. 평범한 주부였던 그녀가 열정과 의지로 마침내 자신의 꿈을 이뤄낸 것이다.

아내와의 만남이 운명이라는 신의 영역이라면 아내와의 삶은 의지와 철학이라는 사람의 영역이다. 우리는 오랜 세월 동안 같은 철학을 나누고 서로의 기를 전해주며, 서로를 응원하며 살았다. 그래서 '부부가 가치관을 함께하라'는 성공의 제1 철칙도 나올 수 있었다.

이처럼 내가 이루어가는 꿈, 그 기적과도 같은 꿈의 뒤에는 늘 아내가 있고 사랑하는 두 아이들이 있다. 그 어떤 것도 가족이 없었더라면 이루기 힘들었으리라는 것을 나는 안다. 내 어린 시절 할아버지의 따뜻한 보살핌이 없었다면 나는 꿈을 가진 멋진 청년으로 자라지 못했을 것이며, 아내와 아이들이 없었더라면 그 꿈을 이뤄내는 지금의 이태규는 없었을 것이다.

능력의 한계란
있을 수 없다

나는 인간 능력의 한계를 인정하지 않는다. 기껏해야 2미터가 채 되지 않는 작은 몸뚱이가 얼마나 대단한 능력을 가졌겠냐고 반문할 수도 있을 것이다. 그러나 나는 의지만 있으면 어떠한 열악한 조건에서도 그 능력은 발휘된다고 믿는다. "어느 특정인에게 가능한 기적은 만인에게 가능하다"는 간디의 말을 나는 진정으로 믿고 있다. 기적도 알고 보면 모두 자신의 능력 안에서 일어나는 일이다. 물론 운이란 것도 따르지만 운 역시 자신의 능력과 결코 무관하지 않다.

처음으로 중국의 2개성에 스타스페이스 사업을 타진하러 갔을 때였다. 나는 언제나 일을 할 땐 강한 확신으로 추진하는 스타일이다. 그렇지만 새롭게 도전하는 일에는 어느 정도 긴장을 하는 게 사실이다. 중국 방문 시에도 예외가 아니었다. 국빈에 가까운 환대로 처음 도착하는 순간부터 나는 바짝 긴장해 있었다. 단순히 사업의 가능성을 타진하는 정도가 아니라 내 평생의 꿈을 이룰 수 있는 중요한 기회였기에 당연히 그럴 수밖에 없었다.

중국 방문은 처음부터 나의 인내와 체력의 한계를 시험 들게 하였다. 이 두 가지가 조금이라도 흐트러진다면 일이 성사되지 않는다는 것을 알기에 내내 긴장을 늦출 수가 없었다. 하지만 수많은 접견과 방문, 회의, 세미나, 그리고 연이은 회식은 서서히 체력의 한계를 느끼게 하였다. 평소 술을 좋아하고 즐기던 나에게도 중국의 술은 결코 만만치가 않았던 것이다.

"자, 한국에서 오신 나의 형님을 위하여!"

첫 만남부터 친근감을 표현하던, 나의 사업 파트너인 인민정부 고위간부가 술을 권하자 나는 기쁜 마음으로 한 잔 들이켰다. 그 순간 목구멍에 불이 붙는 듯한 느낌이 올라왔다. 그렇다고 그의 술을 사양할 수도 없는 일이었다. 나는 속으로 '아! 이렇게 내 능력의 시험이 시작되는구나' 싶었다.

중국 사람들은 자신의 윗사람이 인정하고 존경하는 이에게 똑같이 대우하는 경향이 있다. 그러다 보니 자신의 상사가 나를 인정하자 여기저기서 술을 들고 찾아와 건배를 청하며 인사를 해왔다.

수십 명이 모인 자리다 보니 일대 일 건배보다는 일대 다수 건배가 훨씬 편할 텐데도 그들은 여럿이서 한 번에 건배를 하지 않았다. 50도가 넘는 회주火酒를 일대 일로 건배를 청해 오는데 나는 내 몸이 그것을 이겨낼 수 없음을 알면서도 결코 사양할 수가 없었다. 나를 형님이라 부르며 인정해 주는 그들에게 실망을 준다는 것은 절대 있을 수 없는 일이었다. 나는 죽기를 각오하고 그들의 술잔을 받아 마셨다.

한계는 스스로 만드는 것이다

"교수님. 괜찮으시겠어요? 너무 무리하시는 것 같은데……."

연신 술잔을 들이키며 허허거리고 있던 내가 걱정이 되었던지 일행으로 함께 온 직원이 낮게 속삭였다.

"허허. 내 철학이 뭔가? '모든 사람의 인맥이 되려는 자는 아무의 인맥도 되지 못한다. 한 사람부터 친해져라' 아닌가?"

"그래도 적당히 하시는 게……. 내일 일정도 생각하셔야죠."

"이렇게 한 분 한 분이 술을 권하며 나를 형님이라 부르는데 자네라면 사양할 수 있겠나? 걱정하지 마시게. 이미 내 몸은 내 능력의 한계를 뛰어넘은 듯하니 말일세."

이미 50도가 넘는 백주를 50잔 이상 마신 상태였다.

'고꾸라질 거였으면 벌써 고꾸라졌다.'

나는 그 와중에도 나의 정신력을 굳게 믿었다.

이틀이 지나고 사흘이 되도록 술자리는 매일 밤 계속됐다. 하루 두 차례 이상 수십 잔의 술을 마셔야 하기에 나는 거의 안주 없이 술을 마셨다. 산해진미山海珍味가 차려져 있었지만 내겐 그림의 떡이었다. 혹시나 배가 불러 권하는 술을 마시지 못하는 일이 생길까 그것들을 입에도 대지 않았던 것이다.

전날의 과음과는 상관없이 다음날의 일정은 어김없이 진행되었다. 덕분에 술기운을 빌어 정신 놓고 잠을 잘 여유조차 나에게는 없었다. 단순히 회의장만 오가는 게 아니라 우주테마파크가 들어설 부지를 검토하고, 그 주변 지역의 유명한 관광지를 돌아보며 사업적 타당성을 검토해야 했다. 4박 5일이라는 짧은 시간 안에 끝내기란 참으로 벅찬 일정이었지만 나는 그것을 모두 해냈다. '해내야만 한다!'는 나의 정신력이 내 체력의 한계를 넘은 것이다. 나중에 안 일이지만, 낮에는 빡빡한 일정으로, 저녁에는 술자리로 강행군하는 나를 지켜보던 중국 사람들이 "저러다 죽는 거 아닌가."라며 염려를 했다고 한다.

그 독한 술을 마시고도 내 몸이 성하게 돌아온 것은 내 정신이 취할 틈을 주지 않기 때문이다. 그들과의 만남이 단순히 사업적 성과를 위한 만남이었다면 나는 적당히 요령을 피우며 합리적인 처세를 행했을 것이다. 그러나 그들이 나를 형님으로 부르며 공사의 구분을 짓지 않으니 나 역시 가슴을 열고 상대를 대했다. 이처럼 일로 만나는 사람이라 할지라도 머리가 아닌 가슴으로 사람을 대한다면 열정은 더욱 배가 된다. 나는 술잔을 들이키며 분명 한계를 느꼈지만 그들과의 대화가 깊어질수록 열정은 더 진하게 살아났고, 그 열정은 에너지가 되어 내 체력의 한계를 뛰어넘게 했다.

능력의 한계란 과연 있는 것일까. '그것은 내 능력 밖의 일이야.' '나는 해낼 수 없어.'라며 혹시 스스로 자신의 능력에 한계를 그어놓은 건 아닌가.

미국 메이저리그의 조막손 투수로 유명한 짐 애보트Jim Abbott는 선천적인 장애인이다. 태어날 때부터 오른손이 없었다. 알다시피 야구는 한 손으로 던지고, 다른 한 손으로 공을 받아야 한다. 짐 애보트는 투수였다. 투구를 할 때 왼손으로 공을 던지고 다시 글러브를 껴서 공을 잡아야 했다. 기인열전으로 치부하기엔 그의 기록과 존재감이 너무나 대단한 것이었다. 그는 장애와는 무관하게 노히트 노런을 포함하여 빅리그에서 10년을 건재하는 불변의 기록을 수립했다. 그의 열정과 의지가 자신의 한계를 극복시킨 것이다.

"생명이 완전히 사라질 때까지 '결코 불가능은 없다'는 말을 잊으면 안 된다. 장애는 성공을 위해 넘어야 할 하나의 단계에 불과할 뿐이다."

장애를 능력의 한계로 느끼고 주저했다면 지금의 짐 애보트는 없었을 것이다. 그가 정상인도 도전하기 힘들다는 메이저리그 사상 영원한 불멸의 투수가 된 것은 인간의 능력은 무한하다는 것을 보여준 좋은 예라 할 수 있다.

육체적 한계에 다다랐을 때 그것을 극복한다면 성취감은 더욱 커진다. 인간의 육체적 · 정신적 한계를 극복하고 성취를 이루는 그 순간,

세로토닌^{serotonin}은 넘쳐나며 이는 새로운 에너지로 발전한다. 즉 능력보다 벅찬 꿈을 가질 때 우리는 그만큼 더 큰 능력이 생기는 것이다.

나는 지금까지 내가 살아온 과정과 성공한 사람, 실패한 사람의 연구를 통해 '성공을 하는 것이 실패를 하지 않는 비결'임을 알게 되었다. 성공한 사람과 실패한 사람을 비교해 보면 실패한 사람은 "이건 도저히 내 능력 밖의 일이야!"라며 능력의 한계를 말한다. 그러나 가만히 살펴보면 그것은 능력의 한계가 아닌 노력과 의지의 한계라 할 수 있다. 내가 4박 5일의 무리한 일정을 보내고도 귀국하자마자 집이 아니라 사무실로 곧장 갈 수 있었던 것도 같은 맥락이다. 지치고 힘들다는 핑계를 댈 것이라면 이미 중국에서부터 쓰러져버렸을 것이다.

"괜찮으시겠어요? 많이 피곤해 보이시는데."

"하하, 나는 이미 내 능력의 한계를 넘어선 사람입니다."

귀국한 다음날, 출판사와의 기획회의 약속을 지키기 위해 새벽 5시에 사무실로 나왔다. 워낙 일정이 빡빡한 탓에 새벽시간 말고는 시간을 내기가 힘들었기 때문이다. 나의 컨디션을 염려하는 편집자가 건넨 인사말에 나는 인간 능력에 한계란 없다는 말로 말문을 열었다. 그리고는 목이 잠겨 목소리가 잘 나오지도 않는 상태에서 3시간이 넘게 인터뷰를 해야 했다. 그런데 나와 이야기를 나누던 편집자가 슬며시 웃음을 짓고 있었다. 왜냐고 물으니, 이상하게도 시간이 지날수록 나의 목소리는 점점 커지고 내 표정에는 생기가 넘쳐난다는 것이다. 내가 경험한 기적 같은 일들을 말하면서 나도 모르게 또 다시 내 능력의 한계를 뛰어넘고 있었던 것이다.

중국이 기회의 땅이 된 후에도 내가 능력의 한계를 뛰어넘을 때마다 내가 도전하는 수많은 곳이 내게 기회의 땅이 되어 주었다. 그들은 나의 열정을 높이 샀고 그 결과 나를 신뢰하게 되었다. 그리고는 엄청난 사업적 결과물들을 선물로 안겨주었다. 내 능력의 한계를 뛰어넘은 몇 번의 여정은 내게 터닝 포인트가 아니라 내 꿈을 또 한 번 도약시킨 '메이크업^{Make Up}' 포인트였던 셈이다.

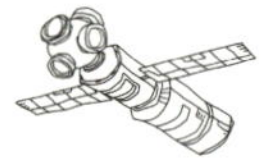

과거의 '나'를 버리는 것이
새로운 성공의 시작

나는 선천적으로 낯을 가리지 않는데다 점심식사 때 반주를 즐길 만큼 술도 좋아하고 사람도 좋아한다. 게다가 나를 따라다니는 수식어는 화려하고 다양하다. 은행 지점장 출신의 우주항공 사업가, 인맥의 달인, 인테크·재테크의 달인, 부동산 전문가, 성공학 교수. 이 모든 게 나를 설명하는 말들이다. 그래서 사람들은 나를 근심걱정이 없는 그저 행복한 사람으로만 본다. 그러나 난들 다른 사람들처럼 힘든 일이 없었을까. 나 역시 한때는 죽음을 생각할 정도로 좌절과 고통을 겪던 시기가 있었다.

우주정거장 '미르'를 구입하고 난 뒤, 여러 사람들이 함께 의기투합하여 사들인 '미르'였지만 단지 소장의 목적이 아니었기에 사업적인 모색이 필요했다. 더군다나 '미르'는 그 보관료만 해도 만만치 않았다.

우리는 '미르'를 전시하여 수익을 올리기로 결정했고, 우여곡절 끝에 국내 굴지의 컨벤션센터에서 전시회를 치렀다. 그러나 한 번의 전시회 이후 '미르'는 더 이상 수익을 올리지 못했다. 이벤트엔 성공했으나 운영사를 잘못 선택하여 비즈니스에서는 실패했기 때문이다.

당시 나의 판단에 대한 신뢰로 '미르' 구입에 참여한 그분들은 처음의 기대와는 달리 '미르'의 수익사업이 활발하지 못하자 투자금에 대한 회수를 요구해 왔다. 그들에게 '미르'는 꿈이 아니라 '투자'였기에 돈을 벌기는커녕 막대한 보관료가 계속 들어가는 '미르'는 애물단지 그 자체였다. 나 역시 그들과 마찬가지로 '미르'로 인해 힘들기는 매한가지였다. 그런데도 그들 중 일부는 막무가내로 내게 투자금을 돌려달라며 원망의 목소리를 높여왔고, 아무리 설득을 하고 함께하자던 우리들 미래의 꿈을 이야기해도 냉정히 돌아선 그들에겐 우이독경牛耳讀經이었다. 나를 믿고 '미르'를 구입한 그들에 대한 도의적인 책임감으로, 그리고 '미르'에 대한 강한 애정과 믿음으로 나는 결국 사재를 정리해 그 사람들에게 투자금을 돌려주었다. 적지 않은 돈이다 보니 그 일로 인해 나는 오랫동안 경제적으로 너무나 큰 고통을 겪어야 했다.

그렇게 마지막 한 명까지 투자금을 회수해 가자 '미르'는 사실상 우리의 것에서 내 것이 되고 말았다. 하지만 내 것이라는 만족감을 느낄 틈도 없이 '미르'는 갈수록 나를 옥죄어왔다. 하지만 속상하고 허탈한 마음으로 마냥 넋 놓고 있을 수는 없었다.

은행을 퇴직한 후 본격적으로 '미르'에 집중했고 새로운 사업모델

을 구상하였다. 그게 바로 스타스페이스월드라는 우주문화테마파크
였다. 나의 새로운 사업구상안을 전해들은 사람들은 다시 투자를 하
겠다며 몰려들었다. 희망이 보였다. 그러나 기쁨도 잠시, 호사다마好事
多魔라고나 할까. 나름대로 인맥관리의 전문가라고 자신했던 나로서는
함께할 사람들을 엄선했다고 생각했다. 그러나 내가 간과한 것이 있
었다. 그건 바로 위기와 역경 앞에서의 인맥이었다. 그들은 위기와 역
경 앞에서 함께하기는커녕 자신의 이익 챙기기에 급급했던 것이다.
돈을 벌어도 모자랄 판에 자꾸 돈 들어가는 일만 만드니 불나방처럼
몰려들었던 사람들은 다시 급속하게 빠져나갔다.

화려한 꽃의 외양만 보고 날아든 나비는 꽃이 시든다 싶으면 언제
든 떠나는 법이다. 비록 지금은 시들더라도 언젠가는 다시 화려하게
피어날 꽃이라는 진실을 보지 못하는 것이다.

"우리 조금만 더 멀리 내다봅시다. 분명 우주문화시대, 우주테크시
대가 옵니다. 그때가 되면 '미르'는 우리에게 엄청난 성공을 가져다줄
겁니다."

나의 눈물어린 설득과 애원에도 불구하고 함께 성공하자던 사람들
은 그렇게 떠나갔고, 나는 '미르'를 둘러싼 막대한 보관유지비와 빚에
시달리는 비참한 실패자가 되었다.

나의 진실한 인맥이라 자처하며 '미르'에 투자했던 이들이 속절없이 떠나고 내가 그토록 애착하던 '미르'와 막대한 부채만 남자, 나의 참모를 자처하던 사람들도 하나둘씩 떠나기 시작했다. 사업을 준비하는 베이스캠프로 쓰던 연구실에 혼자 남은 나는 아득했다. 사업을 하며 경제적 어려움이 한두 번쯤은 올 것이라고 예상은 했지만 이렇게 사람들마저 모두 떠나버리리라곤 생각지 못했다. 잘나가던 은행 지점장 시절, '미르'를 구입하고 우주항공 사업가로서의 길을 모색하던 나에게 사람들은 "미쳤다"며 수군댔다. 좌절의 순간 그들의 수군거림이 다시 떠오르자 나는 더할 수 없는 나락으로 떨어지는 기분이었다.

그 절박했던 순간 가장 마지막까지 남아 있던, 그리고 지금도 내 곁에서 나와 '미르'를 지키고 있는 정 팀장의 눈물겨운 충언을 나는 영원히 잊지 않을 것이다. 그는 "회장님, 이제 포장마차 같은 곳도 가보고 막걸리도 마시고 사셔야 합니다."라며 나를 성내역 근처에 있는 어느 포장마차로 데려갔다. 다 쓰러져가는 외양이 마치 내 모습을 보는 듯 처량하기 그지없는 포장마차였다.

"어서 오세요. 손님! 뭘 드릴까요?"

시원스런 주인의 목소리에 끌려 나는 정 팀장과 함께 포장마차로 들어갔다. 딱히 뭘 먹겠다 생각하고 들어간 게 아닌 터라 우리는 간단히 우동과 소주를 주문했다. 그런데 막상 주인이 내려놓은 우동 한 그릇을 앞에 두니 그렇게 서글플 수가 없었다.

"어휴, 손님. 무슨 일인지 몰라도 소주 한 잔 받으시죠. 요즘 다들 어렵다, 어렵다 하는데 손님도 뭐가 잘 안 풀리시는 모양이죠?"

주인은 팔아도 시원찮을 소주를 공으로 한 잔 따라주며 위로를 해 왔다. 나도 그에게 한 잔을 따랐다. 그 역시 작지 않은 사업을 하다 실패하고 노숙자에 가까운 쓰라린 생활까지 경험했다고 했다. 어찌하여 겨우 마련한 것이 그 포장마차였던 것이다.

"아이고, 이 정도면 저는 성공한 거라고 생각합니다. 길바닥에 신문지를 깔고 자던 날들을 생각하면⋯⋯. 이제 저는 자신 있습니다."

그의 얼굴엔 절망이 아닌 희망이 깃들어 있었다.

"돈이야 그렇다 치고 믿었던 사람들이 제 등 뒤에서 비수를 꽂으니 참으로 견디기가 힘듭니다."

"그런 사람들 때문에 힘들어할 필요가 뭐 있나요? 상황이 안 좋다고 떠나는 사람들은 좋은 상황에서는 더 크게 내 뒤통수를 칠 사람들이죠. 쭉정이는 짜디짠 소금물에서나 표가 나는 법 아닙니까."

믿고 함께하자며 나를 찾아왔던 사람들도 모두 떠나가는 마당에 나와 전혀 상관없는 사람이 나를 진심으로 위로해 주고 있었다. 더군다나 그 젊은 포장마차 주인의 땀방울을 보니 내 고생은 고생도 아니란 생각이 들었다. 어느덧 나에게도 자신감과 희망이 깃들고 있었다.

당시 나는 가족의 돈에는 절대 손대지 않는다는 원칙으로 사업을 추진하였으나 의지와는 전혀 무관하게 나에게 소중한 사람인 아내와 장모를 너무나 힘들고 어렵게 만들었고, 가족들 볼 낯이 없어 연구실

바닥에 박스를 깔고 자거나 근처의 공원 벤치에서 노숙을 하기도 했다. 살던 아파트는 넘어가고 아내는 장모님 댁으로 짐을 옮겨가버린 상태였다. 그 때문에 장모님과의 갈등도 깊어져 아내를 볼 면목이 더더욱 없었다. 어둡고 차가운 사무실 바닥에서 새우잠을 자는 참담한 심정은 말로 표현하기 힘들 정도였다. 하지만 나는 끝까지 꿈을 놓을 수 없었다. 내 나이 이미 쉰을 넘겼고, 그 나이에 쓰러지면 다시는 못 일어날 것을 나는 너무나 잘 알고 있었기 때문이다.

밤이 깊어갈수록 우리의 이야기도 깊어갔다.

"아이고, 이렇게 젊은 사장님과 얘기를 나누고 나니 제 속이 다 후련합니다. 허허."

걸쭉하게 술이 오른 나는 음식 값을 계산하기 위해 호주머니를 뒤적였다. 그런데 밤새 마신 술값이 단돈 7천 원이라니! 그럼에도 불구하고 주인은 저도 같이 마셨으니 6천 원만 내란다. 음지를 봐야 양지가 보인다는 유태인의 지혜가 떠오르는 순간이었다. 쓰러져가는 포장마차에서 희망을 본 것이다. 그때 나는 다시 꿈을 바라보고 있었다.

"댁으로 들어가십시오. 그래도 손님은 집도 있고 가족도 있지 않습니까."

그랬다. 그의 말처럼 나에겐 나를 믿고 기다려주는 소중한 아내와 두 아들이 있었다. 포장마차를 나오면서 마음이 훨씬 가벼워짐을 느꼈다. 세상에는 나보다 더 힘든 사람도 많고 그들 역시 희망이라는 끈을 놓지 않고 살아간다는 것을 목격한 것이다. 더군다나 그들은 주위의 사람들을 위로하고 격려하며 함께 나아가고 있었다. 아무것도 상황이 바뀐 것은 없지만 그때 나는 이전의 나와 분명 달라져 있었다.

이전의 나는 "부자가 되려면 부자들 틈에서 부자처럼 행동해야 한다"는 믿음을 가지고 있었다. 그러나 그 순간 그런 나의 신념과 행동을 되돌아보게 되었다. 나는 부자처럼 행동하기 위해 대접하기보다는 대접받기를 바랐으며, 내가 그들을 찾기보다는 그들이 나를 찾아야 한다고 굳게 믿고 행동하지 않았던가. 하지만 그날 밤, 포장마차를 나서며 나는 내 인생을 바꿀 만한 큰 깨달음을 얻었다. 내가 먼저 그들에게 다가갈 수도 있고, 내가 먼저 그들을 대접할 수도 있다는 것, 아니 그래야 한다는 것을 깨달았다. 그리고 어쩌면 그것이 진정 "부자처럼 행동하는 것"이라는 생각이 들었다. 이러한 깨달음은 이후 나의 인맥관에도, 그리고 인생을 보고 사업을 보는 눈에도 큰 영향을 끼치게 되었다.

절박하게 꿈꾸면 하늘도 움직인다

마지막 남은 촛불마저 다 타고 나면 남는 것은 그야말로 칠흑 같은 어둠뿐이다. 그 어둠 속에서는 나의 존재마저도 미약해 보인다. 하지만 간절한 기도를 멈추지 않는 사람들은 안다. 간절한 기도가 빛이 된다는 진실을.

마침내 마지막 남은 한 명의 직원이 떠나고 해가 지면 이내 깜깜해져 버리는 사무실에서 나는 더욱 간절히 스타스페이스를 꿈꾸고 앞날을 모색했다.

상황이 그쯤 되자 주위에서는 더 이상 무리하지 말고 '미르'를 포기하라는 말까지 해왔다. 하지만 나로서는 전혀 그럴 마음이 없었다. 심지어는 1억 원을 줄 테니 '미르'를 팔라고 제안한 사람도 있었다. 나는 하도 어이가 없어서 대꾸조차 하지 않았다. 터무니없는 액수이기도 했지만, 그보다도 '미르'에 쏟아 부은 노력과 투자를 생각하면 불쾌하기까지 한 제의였던 것이다. 유서를 써서 양복 안주머니에 품고 다닐 정도로 절망스런 날들이었지만 '미르'를 헐값에 넘긴다는 건 절대 있을 수 없는 일이었다. '미르'는 나에게 돈이 아닌 꿈이었으니 말이다.

힘겹게 부채를 갚아가면서 다시 스타스페이스의 사업을 추진할 때였다. 어둠속에서도 빛은 있다는 말처럼 포기하지 않고 계속해서 돌파구를 찾으려다 보니 다시 기회가 생기기 시작했다. 여러 지방자치단체와 기관들로부터 좋은 조건의 제안들이 들어왔던 것이다.

그중에는 나의 이상과 철학을 알아보고 통 큰 결단력을 보여준 K군수 같은 분도 있었다. 사업계획서를 보이며 군수실에서 브리핑을 했을 때 대부분의 간부들은 나의 계획에 감탄하면서도 반신반의하는 반응이었다. 그중 부군수는 "뜻은 좋으나 최소 120억 원은 들어갈 사업인 것 같으니 현재 얼마나 돈을 가지고 있는지 통장을 보여 달라"고 해서 사업자금이 바닥난 나의 머리가 띵하게 만들기도 했다. 이때 K군수가 나서서 이렇게 간부들을 설득했다.

"지금은 주머니돈을 털어서 사업하는 시대가 아닙니다. 지방자치단체에서 사업체를 선정하는데 통장이나 보고 외형적인 것이나 보니까 사기 사건이 일어나는 겁니다. 이태규 회장님이 보여준 이 사업계획서가 바로 돈입니다."

그러나 지방자치단체들과의 사업 추진은 항상 실무자 선에서 각종 규제와 제재를 들고 나오는 바람에 일이 엎어지기 일쑤였다. 기업하는 사람들이 왜 국내보다 중국이나 동남아로 가려는지 그 이유를 절실히 이해할 수 있었다. 탁상행정의 현실도 답답했지만 무엇보다 두 번의 실패를 연이어 반복할 수는 없었다.

나의 간절한 기도가 하늘에 닿았던 것일까. 하늘은 나에게 또 한 번의 기회를 주셨다. 국내에서의 지지부진함 때문에 속앓이를 하던 차에 중국과 일본에서 스타스페이스와 '미르'에 관심을 보여온 것이다. 일본은 자본 투자를, 중국은 부지와 사업 지원을 하겠다는 것이었다. 물론 이 모든 것은 그들이 스타스페이스의 사업성을 검토하고 긍정적으로 평가한 뒤에야 가능한 일이었다.

'진인사대천명盡人事待天命'이라지 않은가. 나는 내가 할 수 있는 모든 힘을 동원해 최선을 다해야 한다는 생각이 강하게 들었다. 그래서 내 프로필과 내가 집필한 책 등 나와 관련된 자료들을 먼저 중국과 일본에 넘겨주었다. 사업계획서보다도 우선해야 할 것이 서로의 철학과 비전을 이해하고 공감하는 일이라 여겼기 때문이다. 그리고 얼마 후, 중국와 일본 모두에서 다행스럽게도 나의 철학과 비전에 크게 공감해

왔고, 중국의 단하산과 나의 운명적인 만남은 그렇게 시작되었다.

나의 간절한 기도는 중국 방문 중에도 빛을 발해 주었다. 중국에서의 일정 마지막 날, 나는 일행과 함께 어느 유서 깊은 절에 들러 등신불 앞에서 기도를 했다. 그런데 웬일인지 자꾸만 눈물이 나는 것이었다. 내 오랜 꿈을 이루게 해달라는 간절함과 함께 인민정부 당서기를 비롯한 여러 중국의 귀인을 만나게 된 것에 감사하는 눈물이었다. 인생의 우여곡절 끝에 이제야 귀인을 알아보는 혜안을 얻고 직관에 눈을 뜬 것이다.

천년의 사찰에서 작은 득도를 한 기쁨에 빠져 있을 때 스님 한 분이 우리 일행에게 다가왔고, 잠시 후 일행 중 한 명이 스님의 말을 나에게 전해왔다.

"회장님에게서 큰일을 하실 기운이 느껴져 스님께서 회장님을 위해 기도를 해드리고 싶답니다."

"아이고, 내가 무슨 대단한 사람이라고……. 혹시 잘못 보신 게 아닌지……."

나의 말을 전해들은 스님은 손사래를 치며 직접 기도를 해주겠다고 연신 나의 손을 잡아끌었다. 나는 물론이고 이 광경을 지켜보던 중국의 사업 파트너들 역시 상당히 놀라는 눈치였다.

결국 나는 스님에게 기도를 부탁드렸고 스님은 나를 위해 오랜 시간 기도를 해주셨다. 나중에야 안 이야기지만 그 스님은 여태껏 한 번도 외국인 방문자를 위해 기도를 한 적이 없었다고 한다. 이런 스님의 이례적인 행동 덕분에 나 역시 중국인들에게 귀인이 되었다. 나의 절실한 기도 덕분에 또 한 번의 기적 같은 일이 벌어진 것이다.

"시작과 창조의 모든 행동에 한 가지 분명한 원리가 있다. 그것은 우리가 무엇을 하겠다고 진정으로 결단을 내리는 순간, 그때부터 하늘이 움직이기 시작한다는 것이다."라는 에디슨의 말을 나는 믿는다. 진정으로 마음이 간절하면 하늘이 움직이게 되어 있다. 중국에서의 제의, 스님과의 만남 등이 비록 우연이었을지라도 그 우연은 분명 나의 간절한 소망이 하늘에 닿아 일어난 기적임을 나는 믿는다.

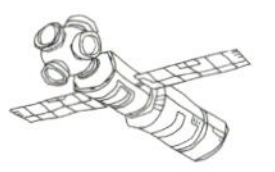

꿈은
하나일 수 없다

한국에서 우주항공테마파크 건설 부지를 현장 답사할 때였다. 저명인사 몇 분과 함께 동행한 길이었는데 답사 중에 지금도 항공우주업계의 중진으로 활동하시는 한 분이 내게 질문을 던졌다.

"은행 지점장으로 퇴직한 후에 강의도 하고, 방송도 하고, 책도 내고 이미 많은 것을 이룬 분이 얼마든지 편하게 살 수도 있을 텐데 왜 이렇게 힘든 사업을 하려 하십니까?"

나는 대답 대신 웃으며 반문했다.

"장군님은 꿈이 없으십니까? 꿈을 잃어버린 이들에게 꿈을 다시 찾아주는 것이 제 꿈입니다. 저는 지금에 안주하지 않고 끊임없이 새롭게 도전하고 싶습니다. 꿈을 이루고 또 다시 새로운 꿈을 품고, 또 그것을 이루어내는 것이야말로 제 삶의 이유입니다."

꿈을 이룬다는 것은 진행형이며 끊임없는 과정의 연속이다. 꿈 하나를 이뤘다고 거기에 안주한다면 더 큰 꿈은 없을뿐더러 이뤘다고 여겼던 꿈마저 잃어버릴지 모른다. 꿈은 그것을 향해 달려가는 과정에도 성장해야 하며, 그것을 이루었다고 생각하는 순간에도 더 큰 꿈으로 성장할 수 있어야 한다.

내가 태어난 시골은 아주 깡촌이었다. 초등학교를 들어가기 직전인 일곱 살이 되어서야 버스를 처음 보았으니 말이다. 그 무렵, 할아버지가 서울에 다녀오시며 요상한(?) 것을 가지고 오셨다.

"할아버지, 이게 뭐예요?"

"허허. 이건 라디오란 것이여."

할아버지의 손이 쓰윽 하고 스치자 그 속에서는 사람의 목소리가 흘러나오기 시작했다. 순간 나는 놀라서 뒤로 나자빠졌다.

할아버지가 가지고 오신 트랜지스터 라디오는 동네의 명물이 되었고 덕분에 온 동네 사람들이 저녁마다 할아버지네 마루로 몰려들었다. 아나운서라는 사람이 들려주는 이런저런 세상 이야기에 사람들은 큰 소리로 웃기도 하고 훌쩍거리며 눈물을 훔치기도 했다. 누군가의 말 한마디에 많은 사람들이 같이 울고 같이 웃다니. 나는 그 모습이 너무나 신기했다.

사람들이 모두 집으로 돌아간 후면 나는 혼자서 아나운서의 목소리를 들으며 행복해했다. 따뜻하고 부드러운 그 음성은 마치 엄마의 목소리처럼 나를 이끌었던 것이다.

그러던 어느 날 나는 마침내 할아버지의 품에 달려들며 소리쳤다.

"할아버지, 나 아나운서가 될 테야."

나의 두 번째 꿈이 탄생하는 순간이었다.

"그려, 뱅기 조종사도 허고, 아나운선가 뭐신가 그것도 허고. 하고 싶은 것은 다 혀."

따뜻하고 부드러운 목소리로 많은 사람들을 즐겁고 행복하게 해주고 싶었던 일곱 살 꼬마는 그렇게 할아버지의 응원 속에서 아나운서의 꿈을 새겼다.

크게 꿈꾸고 작게 행동하라

누군가는 꿈은 클수록 좋다고 하고, 누군가는 꿈은 많을수록 좋다고 한다. 무엇이 답이든 무슨 상관이랴. 꿈이란 그 자체만으로도 우리를 앞으로 한 발짝 움직이게 하는 강렬한 힘이 된다.

나의 꿈은 크게 세 가지가 있다. 그런데 나는 공공연하게 꿈이 101가지라고 말하고 다닌다. 내가 목표로 하는 것, 꿈꾸는 것을 일일이 헤아려보지는 못했지만 아마 그 정도로 많을 것이라는 생각 때문이다. 물론 이런 소소한 꿈들은 모두 그 세 가지 꿈에서 파생되어 나온 것이고, 그 세 가지 꿈 역시 가장 높은 단계에서는 하나의 꿈과 만난다.

다섯 살, 비행기 조종사의 꿈을 품은 이후로 '꿈'이란 나를 즐겁게 만들고 가슴 뛰게 하는 것이었다. 아나운서의 꿈까지 품고 나니 나는 어서 빨리 어른이 되고 싶었다.

대학에서 부동산학과 부자학 강의를 맡으며 나는 자연스럽게 언론에 알려졌다. 방송국에서 강연을 의뢰받는 순간 '아, 이제 드디어 아나운서의 꿈을 이루는구나.'라는 환희가 밀려왔다. 어린 시절 할아버지의 라디오에서 나오던 그 따뜻한 이야기, 많은 사람들의 가슴을 울리던 그 희망찬 이야기를 이제는 내가 사람들에게 들려주게 된 것이다. 이처럼 몇 번의 방송 출연은 나에게는 충분히 의미 있고 만족스러운 경험이었다. 그 일을 계기로 몇몇 사람들과 소중한 인맥을 맺는 행운까지 얻게 되었으니 말이다.

조종사의 꿈, 아나운서의 꿈 다음으로 품은 나의 세 번째 꿈은 한국의 록펠러재단을 만드는 것이다. 중학생의 나이에 이런 당찬 포부를 품게 된 것은 할아버지의 영향이 크다. 할아버지는 당신이 남들보다 조금 더 가지셨다는 이유 하나만으로 사람들에게 베푸는 삶을 사셨다. 어린 시절 항상 그 모습을 지켜봐온 나로서는 사람 사는 모양새가 당연히 그런 것인 줄 알았다. 중학교에 진학하며 도시로 나오게 된 나는 내가 상상하던 것과 너무나 다른 현실과 부닥치게 되었다. 이유 없는 베풂이란 없고 모든 것은 그 대가를 지불해야 한다는 것이었다. 나는 그때 비로소 할아버지의 깊은 뜻을 알게 되었고, 나도 어른이 되면 할아버지처럼 남들에게 베푸는 삶을 살겠노라 다짐하였다.

"얼핏 들으면 교수님의 세 가지 꿈들은 전혀 연결성이 없어 보이네
요."

나를 인터뷰하던 기자가 내게 던진 질문이다. 그리고 그는 우물을
파도 한 우물을 파야 성공할 확률이 높다는데 이것저것 하고 싶은 게
많다면 이루기도 힘들지 않겠냐는 질문도 덧붙였다.

나는 종이를 한 장 꺼내들었다. 구구절절 말로 설명하는 것보다는
도식화하여 그를 이해시키는 게 낫겠다 싶었다.

"자, 잘 보시게."

내가 하얀 종이 위에 그린 꿈 도표를 보여주자 그제야 기자는 고개
를 끄덕였다. 세 가지 꿈의 가장 상위에 바로 '행복한 부자'가 그려져
있었기 때문이다.

'행복한 부자'라는 가장 상위 목표 아래 한국의 록펠러재단을 설립
하겠다는 '베푸는 부자'가 자리잡고 있다. 그리고 그와 나란히 우주항
공 사업가로서의 꿈이 있다. 이 꿈은 '나누며 베푸는 행복한 부자'가
되기 위한 수단이다. 그 외에도 각종 하위 목표, 예컨대 '차장이 되겠
다', '은행지점장이 되겠다'는 식의 꿈이 상위 목표 아래에 있는 단계
별 목표들이 되는 셈이다.

꿈은 크게 가질수록 좋다. 그러나 큰 꿈만을 계속 꾸고 있다면 허황
된 꿈으로 그칠 공산이 크다. 그 꿈을 이루려면 어떻게 차근차근 계단
을 밟아갈 것인지 고민하고 그림을 그리는 것 또한 중요하다. 이런 과

정이 수반되어야만 큰 꿈을 이룰 수 있는 것이다. 그래서 꿈은 과학이고, 또 시스템이다. 인간의 욕구가 무한하듯 꿈도 무한하게 뻗어나가 꼬리에 꼬리를 무는 하위 목표들을 만들어내는 것이다. 나는 그것을 결코 욕심으로 보거나 지나치다 생각지 않는다. 목표가 많으면 그만큼 나를 뜨겁게 데워주기 때문이다.

100만 평의 꿈, 스타스페이스 월드

PART 02

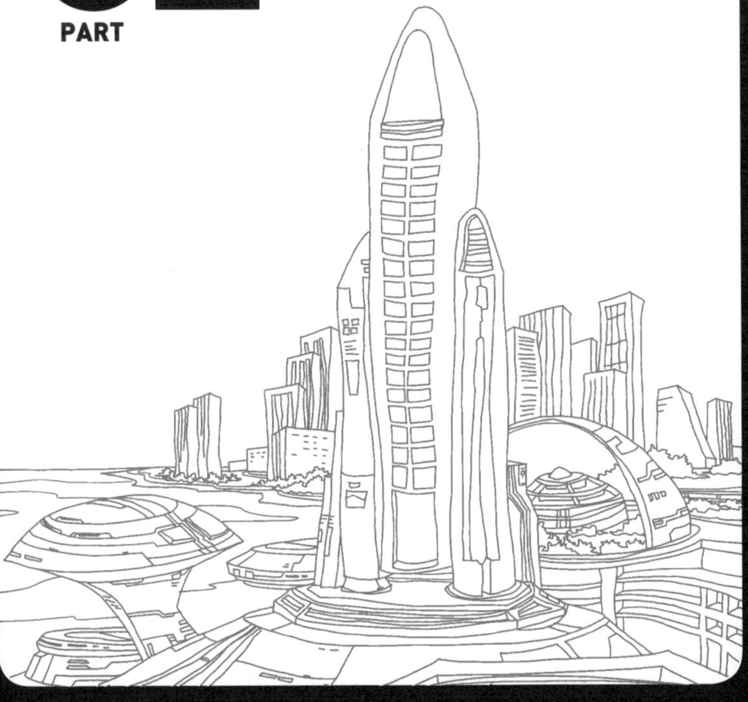

"한계란 없다. 다만 당신의 상상력에 한계가 있을 뿐이다."
셰이크 모하메드

여의도보다 큰
우주문화테마파크

스타스페이스의 비전은 '꿈을 향한 비상'이다. 우주시대의 비행본능을 일깨워주고 또 실현시켜 주는 이곳은 모든 사람들이 '함께' 성장하는 공간이다. 판타지가 가득한 놀이공원에서 잠시 현실을 잊는 것이 아니라 마음속 깊숙이 담아두었던 꿈을 되새기고, 나아가 그것을 이룰 수 있도록 해준다는 말이다. 디즈니랜드는 '차원이 다른 즐거움'을 내세우고 있지만 상상의 공간이다. 그러나 스타스페이스는 꿈을 이루는 체험의 공간이라는 점이 다르다.

사람들이 간혹 우주와 관련해서 왜 하필이면 테마파크를 만들려고 하느냐는 질문을 하곤 한다. 사실 우주와 관련하여 수많은 사업을 떠올릴 수 있겠지만 무엇보다 많은 사람들이 직접 두 눈으로 자신의 꿈을 보고 듣고 경험할 수 있는 공간을 만들고 싶었다. 우주비행사와 같은 특별히 선택된 소수의 사람들뿐만 아니라 아이나 어른 할 것 없이 '날고 싶다'는 그들의 꿈을 실현하기 위해 찾는 공간으로 말이다.

항공학에서 보면 식욕이나 성욕처럼 '날고 싶다'는 비행본능도 인간의 기본적인 욕구라고 한다. 인간은 기본적인 욕구가 충족되어야만 사랑이나 꿈, 비전 등과 같은 고차원의 욕구를 생각해 내는 법이다. 사람들은 스타스페이스에 와서 '날고 싶다'는 비행본능을 충족하고 만족을 느낄 것이다. 이곳은 아이들에게 비행사나 우주인과 같은 꿈을 만들어주고, 어른들에게는 가슴속 깊이 묻어둔 꿈을 끄집어내는 계기를 만들어줄 것이다.

스타스페이스월드의 중심은 '우주문화 테마파크 존'이다. 테마파크가 수익사업이긴 하지만 워낙 규모가 크다 보니 사업을 시작하고 난 뒤에 곧바로 수익이 발생하는 것이 아니다. 최소 5년은 지나야 관람객 수익이 발생할 것으로 보고 있다.

이것을 보완함과 동시에 문화, 교육, 건강, 자연환경 등의 관광자원을 개발하기 위한 목적으로 골프 존과 빌리지 존이 조성될 예정이다. 이들은 자가용비행기 사업과 연계가 되는데, 일반 항공사 여객기가 아니라 초경량 비행기와 자가용 전용기를 타고 편리한 시간에 테마파크로 와서 모든 레저와 휴양, 문화, 골프를 즐길 수 있게 된다. 그리고 안락한 빌라가 있는 빌리지에서 숙식을 하면서 휴식을 취한다. 단지 몇 시간을 들렀다 가는 것이 아니라 말 그대로 여가를 즐길 수 있는 곳이다. 국내 굴지의 테마파크가 방문객 수 기준으로 보면 세계의 명문 테마파크로 꼽히면서도 다른 곳보다 큰 수익을 내지 못하는 이유는 당일 코스이기 때문이다.

우주문화 테마파크 존에 들어설 '로켓빌딩'은 스카이라운지를 비롯한 푸드 코트와 세미나 시설, 각종 스포츠 시설과 쇼핑몰이 있는 곳이며, 그 모양부터가 당장 발사를 기다리는 로켓의 형상을 하고 있다. 우주식품을 먹을 수 있고, 조종사들의 체력 훈련 중 일부를 따라할 수 있는 이곳은 단순히 눈요기에서 끝나는 공간이 아니다.

'우주 영상관'은 미국 케네디 우주센터의 스페이스센터처럼 우주에 관한 입체영상을 관람하는 체험관이다. 이곳에서는 우주개발의 역사에서 결코 빠질 수 없는 영웅들의 도전사를 보여준다. 그리고 인공위성을 통해 바라본 지구의 세밀한 부분과 첨단과학인 우주기술의 현장을 생생하게 전달한다. 뿐만 아니라 우주 관련 각종 이벤트와 공연을 할 수 있는 '우주 공연장'을 만들어 많은 볼거리를 제공할 예정이다.

이 외에도 '우주 서바이벌 존', '스페이스 푸드몰' 등 모든 것이 우주 관련 시설들로 이루어지는 스타스페이스월드의 가장 핵심은 바로 '우주 돔 전시관'이다. 광활한 우주에서의 항구적 주거공간인 우주정거장 '미르'의 웅장한 스케일을 본떠 만든 이 전시관에는 나에게 꿈을 다시 떠올리게 했던 바로 그 '미르'가 전시된다. 실제의 우주정거장 주거모듈 모형과 우주인의 생활체험관을 만들어 사람들이 직접 두 눈으로 보고 만질 수 있는 공간이다.

아이나 어른 할 것 없이 직접 우주항공과 관련된 체험을 할 수 있는 프로그램은 초경량 비행기 탑승에서부터 조종 체험까지 다양하다. 그리고 공중에서 눈으로 보이지 않는 줄 위를 달리는 '스페이스 바이크'라 이름 붙여진 우주자전거와, 우리나라의 항공우주전문기관이 개발하고 있는 '1인승 비행선'까지 마련된다. 이처럼 스타스페이스월드는 첨단 우주과학의 메커니즘과 자연문화와 휴양문화, 그리고 우주항공 기술이 결합된 곳이다.

우주는 광활한 크기만큼이나 도전과 모험의 공간인데, 이를 서바이벌 게임으로도 만들었다. 우주에서 살아남기 위한 생존법을 교육과 과학, 문화, 놀이, 예술을 통해 가르치는 것이다. 게다가 우리나라의 첨단 IT 기술도 적극 도입했다. 예를 들어 가상세계에서 한 사람의 현재와 과거의 데이터를 입력하면 그 사람의 미래를 볼 수 있는 시스템도 갖추고 있다. 서바이벌 게임은 '미르' 전용관에 만들어지는 우주 가상세계에서 2박3일 동안 진행되는데, 6명이 한 조가 되어 우주여행을 떠나는 것으로 시작된다.

대강의 윤곽을 보면, 우주에서 활동을 하다가 한 순간의 사고나 실수로 우주 미아가 된다. 그래서 6명이 힘을 합쳐 지구로 무사히 귀환하는 시나리오다. 미아가 되면서부터 냉혹한 생존게임이 시작되는데 이때 리더가 어떤 리더십을 발휘하느냐가 가장 중요해진다. 리더의 통솔과 조원들의 협력으로 위기상황에 대한 극복과 체력 훈련을 시행하면서 6명 모두가 안전하게 지구로 돌아와야지만 게임이 끝난다.

그런데 이중에서 10~20퍼센트는 탈락할 수밖에 없을 만큼 까다롭게 진행될 것이다. 이렇게 어려운 과정을 통과하고 지구로 귀환한 사람은 자연스레 성취감을 느낄 수밖에 없다.

서바이벌 게임을 통과하면 수료증과 더불어 스타스페이스 서바이벌 수료 멤버십에 가입된다. 또한 러시아 가가린 우주센터나 우주여행 시 혜택을 받을 수 있는 등 국내외에서 많은 혜택을 받을 수 있도록 연계할 예정이다.

스타스페이스는 정문에 입장할 때부터 유비쿼터스 시계를 제공한다. 여기엔 이용권이나 신용카드 등 기타 필요한 정보가 입력된다. 그리고 100만 평이 넘는 전 시설의 정보, 예를 들어 서바이벌 게임장에 현재 대기 중인 사람 수와 입장 순서 등의 정보가 실시간으로 제공된다. 또 비용이나 이용 한도 등 이용자의 활동 정보가 제공된다. 외국의 테마파크에도 비슷한 것이 있긴 하지만 식당이나 시설 정보 등 극히 일부만 제공된다는 점에서, 스타스페이스는 전체 시설의 정보가 제공되는 세계 최초의 시스템이라는 가치를 지닌다.

이 모든 것들은 최고보다는 최초를 지향한다는 나의 경영철학을 담은 콘텐츠로 기획된 것들이다.

함께 성공하는 곳, 스타스페이스

스타스페이스는 결코 나 혼자 이루어가는 공간이 아니다. 함께 이루고 함께 나누는 공간이다. 이는 스타스페이스 사업을 같이 하는 멤버들에게만 적용되는 게 아니다. 사실 스타스페이스가 들어서면 지역 관광산업에도 큰 영향을 줄 것이다. 미국의 케네디 우주센터에 가보면 주변에 음식점과 숙소 등이 대거 들어서 있고, 우주 관련 관광상품도 많이 개발되어 있다. 일본 역시 종자도 우주센터를 세워 지역 관광산업 활성화에 크게 기여하고 있다. 종자도種子島의 일본 명칭은 다네가시마로 규슈지역 가고시마현의 태평양 쪽 해안에 위치한 섬 이름이다. 1966년부터 소형 로켓을 발사하는 발사대가 건설된 뒤 오늘날 세계적인 우주센터로 급부상한 곳이다. 우주과학기술관, 우주통신소와 레이다국, 우주레크리에이션센터와 과학관측소 등 다양한 시설들이 들어서 있고, 인근 주민의 고용 효과는 물론 깨끗한 해수욕장도 즐비한 곳이라 매년 수백만 명의 관광객이 찾는 명소로 바뀌었다.

우주산업은 이와 같이 단순 관람이나 관광이 아니라, 획기적이고 차원이 다른 산업을 창출할 수 있는 영역이다. 한 마디로 미래를 함께 공유할 수 있는 비전 사업인 것이다.

요즘 사람들은 관광을 그저 차를 타고 도심을 벗어나는 것으로만 생각하지 않는다. 테마가 있는 여행을 선호한다. 그래서 관광산업은 꿈과 가치를 제공할 수 있는 서비스산업이 되어야 한다. 특히 우주문화라는 테마는 공간을 통한 체험뿐만 아니라 다양한 사업을 함께 전개할 수 있다.

우주식품 개발이 대표적인 것인데, 스타스페이스는 이 분야에서도 나름의 성과를 보고 있다. 그중 하나가 '크릴우주식품 햄버거'가 있다. 수 년 전부터 우주식품을 활용한 조리법에 대해 연구를 거듭하여 많은 부문에서 사업적인 성과로 이어졌다. 흔히 크릴새우라는 말을 많이 하는데, 크릴이란 새우의 일종이 아니라 플랑크톤을 이르는 말이다. 크릴새우는 크릴이라는 플랑크톤을 먹고 자란 새우가 된다. 크릴은 불포화 지방산인 오메가3가 풍부하여 콜레스테롤을 저하시키는 EPA와 항염증, 항지질, 항당뇨 등에 효과가 있는 DHA, 망막세포와 뇌 기능을 돕는 DPA가 들어 있는 훌륭한 식품이다.

크릴은 향후 미래 식량자원으로도 주목을 받고 있다. 필수 아미노산이 골고루 함유되어 있어 건강보조식품으로도 사용되며, 특히 유아의 발육에 매우 좋아 유아식으로도 좋다. 이것을 응용하여 만든 것이 크릴 미니햄버거와 크릴 주먹밥, 크릴 튀김과 샐러드 등이다. 이처럼 다양한 테마와 식품, 그리고 체험 공간이 있는 곳이 바로 스타스페이스월드 우주문화테마파크다.

기회가 기회를 낳다

스타스페이스월드는 중국의 2개성에서부터 출발하여 일본을 거쳐 한국에서 그 첫 삽은 뜨게 되었다. 단초를 제공한 것은 중국에서 추진하고 있는 '단샤 스타스페이스 월드 리조트Danxia StarSpace-World Resort'였다. 유엔에서 세계 지질공원으로 지정할 정도로 아름다운 절경을 자랑하는 소관시 단하산丹霞山에 처음 갔을 때 정말 묘한 기분이 들었다. 이곳에는 세계적으로 유명한 양원석과 음원석이 있다. 말 그대로 남자와 여자의 생식기를 그대로 빼닮은 자연 그대로의 원석인데 추호도 인공의 손길이 닿지 않았다고 한다. 또 1160년이나 된 등신불이 있어, 고승이 열반에 들 때 좌선한 상태 그대로 몸이 썩지 않고 남아 있다.

고대의 신비와 경건한 기운이 서려 있는 이곳은 그야말로 원시림을 그대로 간직하며 온갖 기암괴석이 늘어서 있다. 그걸 보고 있노라면 시간이 멈춰버린 과거의 공간이란 생각보다 공존의 공간으로 느껴졌다. 사업적인 판단이야 관광자산으로서의 가치만 보더라도 금방 판단할 수 있었다. 천년, 아니 수만, 수억 년의 과거를 간직한 이곳에서 미래의 가치인 우주테마파크를 세운다는 것은 과거와 현재, 그리고 미래의 공존이었다. 이 공존의 공간에서 새로운 꿈이 시작되는 것이다.

그동안 갈망해 왔던 사업이 드디어 시작된다는 기쁨보다 여기까지 오며 걸렸던 시간과 굽이굽이 돌아왔던 지난날의 여정이 생각났다. 그러나 아직 기쁨의 소회를 누리기는 일렀다. 갈 길은 멀고, 꿈은 아직 저만치에 있기 때문이다.

중국 정부가 우주테마파크가 들어설 부지로 100여만 평을 제공한 것은 '미르'의 가치를 인정했기 때문이다. 이 정도라면 통상 90만 평이라고 말하는 여의도보다 큰 면적이다. 이처럼 넓은 곳이 단지 스타스페이스만을 위해서 제공되는 것이다. 비행본능을 펼치기엔 부족함이 없는 면적인데다가 주변 경관은 사람들의 호연지기浩然之氣를 기르기에도 훌륭했다.

2008년 8월, 중국 광동성의 현지 매체는 "한국의 '우주테마공원'이 단하산에 새로움과 다채로움을 가하다"라며 "단하산 우주관광휴가촌 프로젝트의 추진"을 대대적으로 보도했다. 이제부터 단하산 우주항공 테마파크, 골프장과 펜션 부지 매립공사 계약을 체결하여 향후 본격적인 추진에 들어가게 되었다.

스타스페이스월드는 단하산의 100여만 평의 부지에 4개의 회사로 입주할 예정이다. 우주항공테마파크로는 5년 6개월 정도가 지난 뒤부터 흑자로 돌아설 것으로 예상된다. 이를 보완하기 위한 수익모델로서 나는 별장형 빌라를 개발할 수 있는 부지를 임대해 줄 것을 제안했고, 중국 측은 미르의 가치를 감안해서 이를 받아들였다.

신뢰의 힘은 이렇게 크다. 그들은 당장의 부동산 가격보다 테마파크의 미래가 낳는 수익에 주목하고 나를 믿어준 것이다.

광동성은 1인당 GDP가 연평균 14.5퍼센트라는 초고속 성장을 이룰 정도로 중국의 경제성장을 상징하는 곳이다. 광저우공항에서 약 한 시간 반 정도의 거리에 있는 단하산은 앞서 말했듯이 유네스코가 인정한 곳으로 국제적인 명소로 알려진 곳이 16곳이나 될 정도로 유명하다. 그뿐만 아니라 2010년에는 고속철도가 개통되는데, 마카오와 홍콩, 그리고 이곳 소관시까지 한 시간 이내의 거리로 좁혀져 관광 수익성이 높은 주변 환경까지 갖추고 있다.

중국은 이처럼 최적의 입지조건이 마련된 단하산 일대의 수려한 풍경과 풍부한 관광자원을 개발하면서 중국 고전의 미와 미래 지향적인 스타스페이스의 조화를 통해 새로운 부가가치를 창출하겠다는 야심 찬 비전을 다음과 같이 제시하고 있다.

"쌍방 노력 하에 유네스코에서 세계 지질공원으로 지정한 단하산 일대의 콘텐츠 개발로 중국의 심천, 광주에 버금가는 발전상을 이뤄 나가겠다."

이 사업은 전례를 찾아볼 수 없을 정도로 파격적이다. 중국 정부의 한 책임자는 이 프로젝트를 진행하면서 포괄적이고 우선적인 권리를 스타스페이스에 부여한다고 현지 언론 인터뷰에서 밝혔다. 또한 건립 기간 내내 사무와 주거 공간, 그리고 통역 인력까지 아낌없이 지원하 겠다고 약속했다. 이런 내용이 중국의 신문과 TV 뉴스에서 연일 알려 졌다. 그동안 나의 꿈과 사업에 대해 반신반의하던 사람들도 각종 매 체의 보도를 보자 생각이 달라졌음은 말할 나위가 없다.

나 역시 한국의 IT와 우주항공 콘텐츠의 전문성을 최대한 살려 진 정 세계적인 복합 리조트인 우주항공테마파크를 만들 생각이다.

어렵게 시작한 사업이지만 이제 꿈을 현실로 이룰 수 있는 기반이 마련되었다. 중국에서 일본, 한국으로 이어지는 말 그대로 '글로벌 우 주테마파크'를 지향하기 때문에 앞으로 스타스페이스는 한국은 물론 아시아의 우주항공 중심지로 거듭날 것이다.

우주를 향한 나의 꿈을 이루겠다고 했을 때 대부분의 사람들은 뜬 구름 잡는 이야기하지 마라며 못미더워했다. 게다가 엄청난 자금이

들어가는 일이다 보니 과연 그것을 이룰 수 있을까에 대해서도 반신 반의했다. 그러나 나의 우주에 대한 확신은 확고했다. 우주는 더 이상 환상의 공간이 아니다. 우주는 이미 눈앞에 있는 현실이자 생활이 되었다. 얼마 전에 우주를 다녀온 이소연 씨가 한국인 최초의 우주인이 된 것을 필두로 지금은 민간인도 우주관광을 할 수 있는 시대가 되었으니 말이다.

우리나라도 전남 고흥에 우주센터를 만들고 있다. 미래를 대비한 이러한 준비는 분명 향후 10년 안에 가장 큰 이슈이자 산업의 패러다임이 바뀌는 영향력을 행사할 것이다. 이런데도 나의 꿈이 허황되거나 너무 빠른 것이라 할 수 있겠는가. 우주는 오히려 지금 시작하지 않으면 늦어버린다.

"아직 때가 아니다"는 말은 신중함이라기보다 굼뜬 것에 불과하다. 미래를 준비하는 사람들은 항상 꿈을 꾸고, 또 남들보다 빠른 실행력을 가지고 있다. 지금 내가 가진 꿈이 과연 현실적일까 고민하는 것이 아니라 어떻게 하면 빨리 실행에 옮길 수 있을까를 고민하는 게 현명하다.

"미국의 월트 디즈니가 100년에 걸쳐 이룬 꿈을 한국에서 '스타스페이스'가 50년 만에 이룰 것입니다."

스타스페이스와 관련해서 만나는 사람들에게 했던 말이다. 이 꿈을 이루고 나면 나는 주위의 디지털 인맥과 함께 성공할 것이고, 또 록펠러재단처럼 혼자만의 부가 아닌 모두를 위한 부의 활용에 나설 것이다. 이것은 스타스페이스의 마지막 단계이자 내 꿈의 완성이기도 하다.

하루 24시간을 존경받는 부자가 되겠다는 열망으로 꿈을 품으면 부자의 성공세포가 자신의 몸속에서 자랄 것이다. 능력이 뛰어나더라도 꿈이 없는 사람들은 누군가의 밑에서 그만큼의 능력에 국한된 일만 할 뿐이다. 그러나 진정한 부자들은 타고난 능력과는 상관없이 하나같이 크고 야심찬 꿈을 가지고 있다는 공통점이 있었다.

불우한 어린 시절을 보내고 100킬로그램이 넘는 거구였던 흑인여성이 지금은 전 세계에서 가장 영향력 있는 부자가 된 이야기는 꿈으로부터 시작된다. 오프라 윈프리는 열여섯 살 때 할리우드에 있는 명예의 거리에서 스타들의 이름이 새겨진 별을 보고 이렇게 말했다.

"언젠가는 저기 있는 별들 옆에 나의 별을 새기고 말겠어!"

그녀는 결국 꿈을 이루었다. 그러나 개인의 영광과 부를 축적하는 것이 아니라 그녀는 사람들의 삶을 변화시키는 존재가 되었다. 그녀에게 토크쇼는 '사람들의 삶에 다가서고, 그들의 삶 안에 변화를 불러일으키는 통로'이다. 이렇게 성공한 그녀도 역시 꿈을 이루기 위해서는 사람이 중요하다는 것을 강조한다.

"내가 생각하는 경영자의 덕목 중 가장 중요한 것은 사업의 중심이 무엇인지 알아야 한다는 것이다. 그것이 바로 사람이다. 사람이 가장 중요하다."

게다가 꿈은 크고 높아야 하고, 또 그것을 이루겠다는 강한 열망으

로 실행에 옮겨야 한다. 그리고 모두가 함께 성공할 수 있는 꿈을 가
져야 한다. 그게 바로 스타스페이스의 철학이자, 내가 보여주고 싶은
꿈의 공간이다.

"은행 지점장이
웬 우주냐"

러시아 우주정거장 '미르'는 옛 소련 시절 쏘아올린 제3세대 우주정거장이다. '미르'는 러시아 말로 '평화' 또는 '세계'라는 의미를 가지고 있다. 1986년 2월에 쏘아올린 '미르'는 국제우주정거장의 초석이 된 기념비적인 존재다.

'미르'는 러시아 가가린 우주센터에서 동일 설계도면을 가지고 모두 4대를 만들었다. 한 대는 우주비행을 하다가 수명을 다해 남태평양에 떨어져 수장되었고, 또 다른 한 대는 가가린 우주센터에 보관되어 있다. 그리고 나머지 중 한 대가 바로 내가 매입한 그것이다.

아비투스 강연에서 우연히 나온 이야기 때문에 구입하게 된 '미르'는 원래 다른 사람이 먼저 국내에 들여왔다. 그 사업가가 '미르'를 들여왔을 때는 한국이 IMF 구제금융으로 외환위기를 막 극복하려던 시점이었다. 그 사업가는 '미르'의 이야기를 듣고 자신의 전 재산을 거의 다 투자해서 '미르'를 국내에 임대해서 들여왔다. 그때만 하더라도 단지 어린이대공원에서 전시용으로 활용하겠다는 것이 다였다. 하지만 그 단순한 목적마저도 쉽게 이루어지지 않았다. 국내 경기가 워낙 침체되어 있던 때라 지금처럼 여유롭게 아이들을 데리고 테마교육을 할 만한 상황이 아니었다. 거기에다 전시 외에는 이렇다 할 사업적인 전망도 없었다. 그저 우리나라에 없는 우주정거장이란 희귀성 하나로 들여온 셈인데 문제는 그 시기가 너무 일렀다는 것이다.

다시 러시아로 반납된 '미르'를 대략 5년이 지난 시점에 나를 비롯한 아비투스 멤버들이 사온 것이다. 당시 은행 지점장이던 내가 우주정거장 '미르'를 사온다고 하니 영문을 모르는 사람들은 "지점장이 웬 우주냐?" "그냥 편안하게 월급 받으며 지낼 일이지 사업은 무슨 사업이냐"며 비아냥거렸다. 심지어는 "미친 거 아니냐?"는 반응을 보이는 사람도 있었다.

새로운 변화와 시도에는 언제나 반대하고 우려하는 목소리가 있기 마련이다. 그들의 목소리를 무조건 무시해서도 안 되겠지만 너무 겁먹을 필요도 없다. 언제나 주체는 자기 자신이 되어야 한다.

'미르'에 대한 성공 가능성을 타진하며 나는 시대가 변하고 있음을 느꼈다. 마침 미국과 러시아 외에 중국이나 우리나라, 일본에서도 우주로의 진출을 이야기할 때고, 또 '아리랑'과 같은 위성을 발사하던 시점이니 최소한 관람용으로라도 손해는 보지 않을 거라 판단했다.

막상 본격적인 사업가의 길로 들어서고 보니 생각만큼 만만치가 않았다. 막대한 돈을 투자해 들여온 '미르'는 그 명성에 걸맞게 유지비 또한 엄청났다. 오죽하면 구멍 난 독에 물붓기라는 판단이 설 정도였을까. 돈 문제가 여의치 않게 되니 여기저기서 잡음이 나오기 시작했다. 급기야는 사기꾼이 아니냐는 어이없는 소리까지 듣게 되었다.

위기가 기회가 되기 위해서는 더 큰 변화가 필요했다. 손해를 볼지라도 나의 자존심과 명예를 잃어서는 안 된다는 판단이 섰다. 함께했던 투자자들에게 비용 관계를 청산하고 난 후, 나는 본격적으로 꿈을 펼칠 그림을 그리기 시작했다. 잃은 것이 많았지만 '미르'가 온전히 나의 것이 되었다는 데 의미를 두기로 했다. 나에게 '미르'는 또 다른 나이며, 내 꿈의 상징이었던 것이다. 그렇게 '미르'와 함께 나는 본격적인 우주항공 사업가로의 길로 접어들었다.

가장 큰 실패는 도전하지 않는 것이다

국내에서 스타스페이스 사업을 추진할 때 나는 7전8기라는 말을 곱씹으며 쓰러지면 일어나고, 또 쓰러지면 또 일어나기를 거듭해야 했다. 꿈과 이상을 실현하는 데 따라오는 현실의 벽이 너무나 높았기 때문이다. 스타스페이스의 사업 개요와 '미르'의 존재를 확인한 여러 지방자치단체장들은 앞다퉈 나에게 사업의 유치를 제안했다. 내 입장에서도 나의 구상에 맞는 100여만 평 규모의 부지를 확보하는 것이 쉽지 않았던 터라 지자체의 도움은 사업 성공의 중요한 열쇠였다. 그런데 문제는 엉뚱한 곳에서 봉착했다. 지자체의 공무원들이 부지 확보나 각종 사업 진행에 있어 기존 법규와 충돌한다면서 반대를 해왔다. 특혜성 사업을 하겠다는 것도 아니고 지자체의 독창적인 사업 아이템을 유치하겠다는 것인데 규제의 해소는커녕 "이래서 안 된다, 저래서 안 된다"고 계속 트집만 잡는 것이다.

공해성 산업도 아닌데 뭐가 그리 안 되는 것이 많은지 이해하기 어려웠다. 그러나 가장 심각한 것은 솔루션^{solution}의 관점에서 사업을 전개하는 것이 아니라 마치 시험감독인 양 평가만 하려는 공무원들의 자세였다. 문제를 해결하겠다는 자세가 아닌, 어떻게든 들쑤셔 반대할 이유를 찾아내고 말겠다는 자세로 나를 다그치는데 솔직히 버텨내기가 힘들었다. 어느 정도의 문제들은 예상했지만 이렇게까지 난관에 부딪칠 줄은 몰랐다. 더군다나 아직 실행조차 해보지 않고 계획 단계에서 막히니 속이 시커멓게 타들어가는 것만 같았다.

포기하지 않고 어떻게든 계속 해보겠다는 의지로 동분서주하던 어느 날, 예상치 못한 곳에서 기회가 찾아왔는데, 그곳은 국내가 아닌 해외였다.

바람이 거세지면 비행기가 더 높이 올라간다

가망이 없는 사업을 하겠다는 것이 아니다 보니 주위에선 안타까운 시선으로 나를 바라보는 사람들이 있었다. 어느 날, 간절한 나의 마음이 닿았는지 나의 진정성을 믿어주던 한 지인이 일본과 중국으로 사업을 연결시켜 주었다. 일본은 테마파크 사업에 나름대로 많은 노하우가 축적되어 있었고, 중국은 베이징 올림픽을 기점으로 미래지향적 콘텐츠 사업에 관심을 가지고 있었다. 위기라고 생각하던 순간, 조금만 눈을 돌려보니 새로운 기회가 생긴 것이다. 어떻게든 국내에서 사업을 진행시켜 보겠다던 그동안의 생각을 버리고 나니 꿈으로 갈 수 있는 또 다른 길이 열린 셈이었다. 일단 일본으로부터 사업의 타당성을 검토 받고, 중국은 실제 사업을 추진할 수 있는 자본과 환경을 제공하기로 이야기가 진행되었다.

그 어떤 사업도 신뢰가 기반이 되지 않고서는 이루어질 수 없다. 커뮤니케이션과 소통의 중요성을 강조하는 수많은 이론의 근저에도 바로 이러한 신뢰가 자리 잡고 있지 않은가. 이는 신뢰가 확인되어야 인맥이 되고, 그때서야 비로소 사업적 파트너로 갈 수 있기 때문이다. 상투적인 말로 들릴지 모르겠지만 의외로 사람들은 당장의 이익에 눈이 멀어 너무나 쉽게 인맥으로 맺으려고 한다. 하지만 이렇게 단기적인 이익만을 생각해서 맺어진 인맥은 정맥情脈, 즉 단순한 감정으로 이어지는 관계가 될 가능성이 높다. 즉흥적인 감정으로 맺어진 관계는 탈이 날 수밖에 없다. 이익에만 급급하기 때문에 아주 작은 어려움에도 자신의 것만 챙기려다 금방 관계가 깨지게 된다. 이때 단순히 관계가 끝나는 것에서 그치지 않고 서로에게 상처와 손해를 입히는 경우가 허다하다.

사업을 추진하며 신뢰의 인맥이 아니라 정맥의 폐단을 경험해서일까. 홍콩과 싱가포르의 교민 사업가와 중국의 길림성, 광동성, 그리고 일본 굴지의 사업가를 주축으로 한 새로운 사업 파트너가 생기면서 이들과의 사업추진에 우선해서 나는 먼저 그들과 신뢰 관계를 만들고 싶었다. 결국 나는 다시 새롭게 시작한다는 마음으로 사업 관련 자료와 함께 내 책을 선물로 보냈다. 그들에게 사업가이기 이전에 인간적인 나를 먼저 보여주고 싶었던 것이다.

진심은 통한다고 했던가. 나의 진정성이 전해진 덕분인지 그들은 진심으로 나의 방문을 기뻐했다. 공항에서 느꼈던 얼떨떨한 기분도 잠시, 곧 당 부서기를 만나자 그들의 환대가 형식적인 것이 아니었다는 것을 알게 되었다.

다른 일정 때문에 바빠서 공항에 나오지 못한 부서기는 청사에서 나를 기다리고 있었다. 작달만한 키의 부서기는 알고 보니 덩샤오핑처럼 외유내강의 인물이었다. 활짝 웃으며 나를 반기더니 대뜸 책 이야기부터 꺼냈다.

"회장님의 책을 감명 깊게 봤습니다. 특히 인맥에 대한 회장님의 철학은 저의 소신과 너무나도 일치하더군요. 하하하."

예상대로 사업계획서에 우선하여 나의 철학과 가치관을 담은 책을 먼저 보냈다는 것이 믿음의 초석이 되었다. 그들은 내 책을 꼼꼼하게 본 다음에 나를 만난 것이다. 자리에 앉은 후 우리는 30여분 동안이나 책 이야기를 나눴다. 그는 내 책에 담긴 정확한 메시지와 의미를 이해하고 있었다. 중국은 원래부터 꽌시^{關係}, 즉 '관계'의 중요성을 강조한다. 내가《한국의 부자인맥》에서 강조했던 인맥론이 중국의 꽌시와 일맥상통하다는 점을 그는 알았던 것이다.

처음 만난 자리에서부터 굳이 스타스페이스의 사업 타당성을 장황하게 설명할 필요는 없었다. 중국 측에서 이미 '미르'의 존재와 사업 전망의 긍정적인 검토가 있었기에 그들이 원하는 것은 나에 대한 신뢰의 확인이었던 것이다. 방문 첫날부터 마지막 날까지 그들은 나에게 최고의 예우를 해주며 신뢰를 쌓아갔다. 나 역시 마음 깊은 곳으로부터 그들을 신뢰하고 귀인처럼 여겼다.

중국 방문에서 기대 이상의 성과를 얻고 돌아온 나는 다시 한 번 도약할 수 있는 천재일우^{千載一遇}의 기회를 놓칠 수가 없었다. 당장 사무실로 돌아와 방문 결과를 정리하고 새롭게 판을 그려보았다. 그리고 얼마 지나지 않아 나의 꿈을 지지하고 함께하는 인맥을 통해 투자금에 대한 지원을 약속받았다. 스타스페이스가 한국이 아니라 중국에서 먼저 사업적 성과를 내며 공식적인 인정을 받은 것이다. 그리고 이제 그 인정이 또 다시 기회가 되어 내가 처음 꿈꾸고 도전한 한국의 요지에 '스타스페이스 우주문화테마파크'의 꿈을 실현할 발판을 마련하게 되었다.

나는 성공의 크기는 역경을 극복한 만큼의 크기라고 믿는다. 대부분의 성공한 사람들은 죽음을 생각할 정도의 고통과 역경을 이겨낸 사람들이다. 이런 사람들과의 인맥은 역경을 함께 극복한 만큼의 신뢰가 형성되는 법이다. 또 미래란 역경과 신뢰를 함께 뛰어넘은 강도만큼 보장된다. 마지막 남은 한 명조차 내 곁을 떠나고 나서야 내가 다시 일어설 수 있었던 것처럼 역경이 클수록 그 절실함은 더욱 커지기 마련이다.

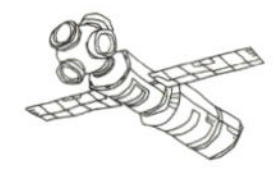

미래를 향한 도전,
우주문화산업

우주는 더 이상 동경의 대상이 아니다. 판타지의 영역이었던 우주에 인공위성을 쏘아올린 지 반세기가 지났다. 그리고 지금 우주는 환상이 아닌 현실이 되었다. '미르'를 단순히 전시용으로만 구상했다면 애초에 그것을 들여오지도 않았을 것이다. '미르'가 우주정거장이라면 스타스페이스는 우주공간과도 같은 개념이다.

스타스페이스는 꿈의 공간이다. 외형적으로는 디즈니랜드와 같은 테마파크이지만 그 안에는 우주항공에 대한 교육과 전시, 그리고 체험 공간이 있다. 또 우주항공 관련 첨단산업과 골프장 등 산업레저단지를 만들어 명실 공히 우주문화산업의 베이스캠프가 되고자 한다. 여기서 더 나아가 연구와 개발까지 모든 것을 집대성하는 우주항공산업 클러스터까지 만들어 한국의 21세기 경쟁력의 핵심이 되도록 자리 잡는다면 더할 나위가 없을 것이다.

6년 전 처음으로 나는 국내 굴지의 항공우주 전문기관과 함께 충청 북도 중앙 지역에 위치한 호수공원을 낀 120여만 평의 부지에 항공 우주테마파크 건설을 내용으로 하는 사업계획서를 만들었다. 실행을 바로 목전에 앞두고 계획이 엎어져 다른 지방자치단체들과 접촉하기 도 했지만 결국 뜻을 이루지 못하고 국내가 아닌 중국과 일본에서 그 뜻을 이루게 되었다. 그러고 나니 그 성공이 발판이 되어 접어두었던 사업계획서가 다시 빛을 발하게 되는 기적이 일어났다. 취소된 그 사 업이 다시 추진되는 일이 벌어진 것이다. 이렇게 스타스페이스는 중 국과 일본에 이어 한국에서도 꿈을 펼치게 되었다. 이곳에서 스타스 페이스는 국내 항공우주 전문기관이 보유하고 있는 귀중한 콘텐츠를 활용할 수 있게 된다.

이제 가까운 시일 안에 한국에서 미국까지 단 2시간 만에 도착할 수 있는 비행선이 취항할 것이다. 워낙 초고속, 아니 거의 광속에 가까 운 속도이다 보니 탑승자들도 훈련받은 사람만 탈 수 있다. 이에 관한 탑승 훈련 프로그램도 스타스페이스에서 마련될 예정이다.

하나의 꿈이 펼쳐지니 여기저기서 다른 꿈들이 모여든다. 투어설계 사 제도도 도입한다. 투어설계사는 쉽게 말해서 여행상담사라고 이해 하면 된다. 20여 년 전에 특허를 받은 수익모델로, 여행을 기획하고 설계를 해서 우주문화테마파크와 더불어 전 세계의 투어 코스를 개발 하는 사람이 투어설계사다. 예를 들어 건강이 안 좋은 사람이 자신의 관절염 치료와 더불어 골프도 즐기는 자기만의 여행상품을 만들어 달라고 요청을 하면, 그가 관절염 치료도 받으면서 골프도 치고 관광도 할 수 있도록 투어설계사는 여행코스를 만들어주는 것이다. 이른바 개인별 맞춤식 투어 설계다. 전 세계를 대상으로 24시간으로 운영하는 이 프로그램은 한마디로 말하면 '원스톱 여행상품 쇼핑점'이다.

이 시대가 우주산업을 필요로 한다는 것은 조금만 주위를 둘러봐도 쉽게 알 수 있다. 얼마 전에 한국인 최초로 이소연 씨가 우주를 갔다오면서 국민적 관심이 높아진 것뿐만 아니라 중국이나 일본이 경쟁적으로 유인우주선 발사에 뛰어드는 것을 보더라도 우주산업은 21세기 일류국가의 기준 산업이 될 가능성이 높다.

중국은 2007년을 기점으로 사양산업, 공해산업 등의 외자유치 중단과 기존에 들어와 있던 저부가가치의 산업 등을 구조조정하고 있다. 이제 말 그대로 '돈 되는' 산업으로 구조개편을 하겠다는 것이다. 이른바 굴뚝산업보다 고부가가치의 산업을 유치하겠다는 목적으로 가구나 섬유 같은 노동집약적 산업은 퇴출을 위해 규제 강화를 꾀하고 있다. 반면, 자동차 부품 산업과 같은 고부가가치 산업은 선진 기술 도입 등의 이유로 외자 유치에 올인을 하고 있다. 우주항공산업도 이와 같은 맥락에서 이루어지고 있다. 중국은 벌써 세 번째 유인우주선 '선저우 7호'의 발사에 성공했고, 달 탐사선 '창어 2호'도 2010년에 쏘아 올릴 예정이다. 우주정거장 건설도 추진 중인데 2020년을 목표로

하여 25톤의 무게를 실어나를 수 있는 운반용 로켓 개발도 하고 있다.

이처럼 중국 정부는 국가 안보와 미래 자원 선점을 위해 우주항공 산업을 차세대 중점 산업으로 육성하고 있다. 스타스페이스의 적극적 유치도 이와 같은 맥락으로 볼 수 있다. 미래의 우주인, 우주산업 종사자, 그리고 과학자들이 스타스페이스라는 꿈의 공간을 통해 태어날 것이기 때문이다.

중국은 이처럼 우주항공산업을 통해 자신들의 과학기술 수준이 세계 최정상급에 있다는 것을 과시하고, 또 국민들의 결집력을 높일 수 있을 것으로 기대하고 있다. 인프라의 구축과, 소프트웨어와 콘텐츠의 결합이라는 새로운 산업 공식을 터득한 중국은 이제 다시 한 번 업그레이드된 기회의 땅으로 떠오르고 있다.

물론 우리나라도 지금까지 '아리랑 2호'를 비롯해 여러 인공위성을 우주로 보낸 경험과 역량을 갖추고 있다. 그러나 중국처럼 유인우주선은 아직 쏘아 올리지 못하고 있다. 어쩌면 중국에 비해 뒤처져 있는 셈인데, 우리나라가 자동차나 IT산업이 더 발달했다고 해서 중국의 산업 역량을 우리보다 아래라고 여기는 것은 편견이자 전략적 판단의 오류를 범하는 꼴이다.

IT가 아니라 ST다

1990년대 말을 기점으로 IT산업의 거품은 사라지고 인프라 위주의

IT산업은 포화 상태에 있다. IT를 기반으로 한 소프트웨어나 콘텐츠 산업의 육성으로 패러다임이 바뀌고 있지만 세상은 벌써 여기서 한 발짝 더 나아가 ST, 즉 우주항공기술과의 접목을 중요시하고 있다.

당장 ST산업을 부흥시켜야 한다고 거창하게 운운하는 것이 아니다. 오히려 우리 주변을 보면 우주 관련 산업은 의외로 많다. 기상 정보를 제공하는 인공위성이나 차량 네비게이션, 게다가 군사위성까지 생각한다면 우주는 우리의 일상과 곧바로 연결되어 있다. 따라서 ST산업은 미래가 아니라 현재진행형인 사업이다.

그럼에도 불구하고 우리는 막대한 돈을 들여 우주인을 보냈다는 식의 이슈 위주의 우주 사업을 생각하는 경향이 많다. 우주는 미래를 선점하기 위한 경쟁의 공간이 되어버린 지 오래다. 그 광활한 공간에 어떤 블루오션이 펼쳐져 있는지 알 수 없다. 지금 기업들은 자신들의 '신성장 동력'을 찾기 위해 집중하고 있다. 지속가능한 경영을 하기 위해서 어떻게 새로운 성장 동력을 찾아 사업을 전개할 것인지 고민하면서 기존의 산업과 미지의 미래산업 등을 다각도로 분석하고 있다.

그런데 눈을 들어 하늘을 보면 바로 블루오션이 보인다. 우주문화산업의 매력은 인프라 구축 산업과 소프트웨어, 콘텐츠 산업 간의 컨버전스가 용이하다는 것이다. 신소재 발굴과 실험, 미지의 자원 발굴, 관련 기기와 장비의 개발, 그리고 우주라는 꿈의 공간에서 무한한 콘텐츠의 생성은 블루오션의 영역으로 각광받기에 충분하다.

스타스페이스는 바로 그런 꿈의 공간을 나타낸다. '미르'라는 선진 우주기술의 결정체를 중심으로 해서 우주기술 개발의 자극제가 되고, 우주식품 등 각종 관련 상품 개발과 기술 연구의 모티브가 되려고 한다. 거기에다 아이들의 상상력과 창의력을 키우고 꿈을 이룰 수 있는 테마파크는 콘텐츠의 요람이 될 것이다.

시선은 항상 앞을 바라보고 있어야 한다

꿈이란 아직 이루어지지 않은 희망을 말한다. 그래서 과거보다는 미래를, 절망보다는 희망을 뜻하기도 한다. 하지만 변화무쌍한 현실과 냉혹한 비즈니스 세계에서는 과거와 절망이 더 쉽게 와 닿는 경우가 많다. 나 역시 마찬가지다. '미르'와 인연을 맺으면서 겪었던 어려움이나 참담함만을 본다면 포기하고 싶었던 순간이 얼마나 많았던가. 그래서 혼자서 '미르'를 관리하며 힘들어할 때마다 '미르'의 경제적 가치 때문에 기관이나 업체에서 매매 제의가 오면 귀가 솔깃할 때도 사실 있었다. 그동안 입은 손해를 만회하는 정도에서 정리를 할까 하는 생각도 잠시 들었던 것이다.

그러나 꿈을 포기했을 때 나는 과연 앞으로 무엇을 할 수 있을까 하는 스스로의 질문에 그 어떤 답도 할 수 없었다. 그동안 재테크 전문가로 많은 사람들 앞에서 강의를 할 때마다 꺼낸 '꿈 이야기'는 성공학의 기본 원리였다. 그런데 여기서 그만둔다면 그 꿈의 원리를 나 스스로 부정하는 꼴이 돼버린다. 꿈을 꾸는 사람이야말로 부자가 될 수 있다는 논리가 허물어지는데 내가 어떻게 강의나 집필 활동을 할 수 있겠는가. 이것은 단순한 사회적인 명예와 체면의 문제가 아니었다. 무엇보다도 지금까지 나를 이끌어왔던 삶의 원동력을 포기한다는 것과 마찬가지였던 것이다. 결국 현재와 과거에 얽매이는 것이 아니라 미래를 보고 나아갈 수밖에 없었다. 막다른 길에 몰렸으니 '죽기 아니면 까무러치기'라는 식의 오기가 아니었다. 몇 번을 다시 판단해도 분명 미래는 희망을 보여주고 있었다.

앨빈 토플러의 주장처럼 키우고 만드는 1, 2차 산업의 물결에서 이제는 서비스하는 것, 생각하는 것, 아는 것, 경험하는 것을 기반으로 하는 제3의 물결이 일어나고 있다. 미래의 산업은 이처럼 복합적이며 입체적인 형태로 갈 것이다.

미래라는 단어는 단순히 시간의 개념이 아니다. 미래는 '가치'의 개념이다. 앞으로 무엇이 되겠다는 식의 예측이나 예언에 휘둘리는 것이 아니라 나 스스로 창의적인 가치를 생산하는 것이다. 그래서 상상력이 결합된 지식산업의 시대에는 무한한 가치의 창출이라는 미래가 펼쳐지는 것이다. 우주항공산업 시대를 맞이하여 추진하는 스타스페이스가 바로 미래가치의 창출을 기대할 수 있는 베이스캠프인 이유가 여기에 있다. 풍부한 상상력과 창의력을 필요로 하는 미래 지식산업에서는 그 무한한 상상력을 펼칠 공간이 있어야 한다. 스타스페이스가 바로 그런 꿈의 공간인 것이다.

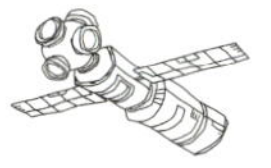

최고가 아니라
최초여야 한다

선점 효과란 말이 있다. 기업이 시장에 최초로 뛰어들면서 얻을 수 있는 유무형의 이익을 말한다. 나 역시 스타스페이스를 하면서 '최초'의 지위를 얻고 싶었다. 우주라는 테마를 가지고 사업을 할 때 남들이 하지 않은 미지의 영역을 개척하고 싶었다. 그래서 단순 전시성의 행사에는 그다지 관심이 없었다. 다만 테마파크 사업을 유치하기 위해 많은 사람들에게 홍보를 한다는 차원으로 '우주여행 체험전'을 개최했다. 우주를 소재로 삼은 전시회나 이벤트는 수없이 많다. 이런 이벤트성 사업과는 확연히 다른 스타스페이스의 사업은 분명 사람들에게도 차별화가 되어야 한다.

1957년 10월 4일에 러시아가 최초의 인공위성인 스푸트니크 호를 발사하자 미국은 아연 긴장할 수밖에 없었다. 곧바로 무한경쟁을 선언한 미국은 시스템 개발과 우주과학, 하드웨어와 소프트웨어 개발에 국가적인 노력을 집중했다. 그 결과 달에 먼저 착륙할 수 있었던 것은 미국이며, 이후에 주도권을 쥐면서 우주 개발에 참여하고 있다. 후발주자로서 성공했지만 당시 미국은 엄청난 에너지를 쏟아 부으며 상처난 자존심을 달래야 했다.

스타스페이스의 우주문화사업은 이런 후발주자의 모습으로 뛰어든 것이 아니다. 단순한 테마파크의 형식에만 치중했다면 여느 우주테마 전시회와 다를 바 없는 이벤트 사업의 후발주자일 뿐이다. 목표는 꿈의 산업레저 단지를 구축하는 것이며, 이는 이벤트성 사업과 분명 다르다.

우주는 더 이상 환상의 공간이 아니라 현실이자 생활의 공간이다. 우주로 간다는 것은 더 이상 남의 나라 일도 아니다. 조만간 우리나라도 유인우주선 시대를 맞이할 것이다. 그리고 네비게이션 서비스 등 우주와 관련한 기술이 현실에서 알게 모르게 적용되고 있다는 것을 보더라도 실생활에 많은 영향을 끼치고 있는 것이 사실이다.

★ 반대하는 사람이 없다면 새로운 것이 아니다

미지의 영역에 도전한다는 것은 둘 중의 하나다. 만인이 인정하는 개척자로서의 위상을 얻거나, 아니면 다소 생뚱맞은 기인으로 비쳐질 가능성이다. 아무리 훌륭하고 기발한 물건이라도 동시대의 사람들이 받아들이기 어려운 것이라면 그건 실패일 수밖에 없다. 그러나 휴대폰처럼 새로운 패러다임을 창조하여 사람들의 문화와 트렌드를 바꿀 수 있다면 개척자의 명예를 얻을 수 있다.

최고보다 최초여야 한다는 명제는 비즈니스에 있어 일종의 철칙과도 같다. 새로운 시장을 개척한다는 것은 마케팅 입장에서 봤을 때도 상당히 매력적이다. 언젠가 사무실의 젊은 직원들이 식사를 마치고 돌아오는데 한 손에 테이크아웃 커피를 들고 들어온 적이 있었다.

"요즘 스타벅스 커피는 된장녀의 상징이라며?"

"전 아니에요. 회장님, 이건 별다방이 아니라 저렴한 커피예요."

테이크아웃 커피는 다 스타벅스라고 생각했던 터라 직원에게 한 말인데 그 종류는 다양했나 보다. 그러나 스타벅스는 나에게 있어 "젊은 이들이 좋아하는 문화의 상징"으로 인식되어 있었다. 그리고 스타벅스는 선점의 효과를 톡톡히 누리면서 테이크아웃 커피 시장을 창출했고, 이를 모방한 업체들의 진입은 스타벅스에게 위기가 아니라 시장 규모를 더욱 크게 만드는 효과를 낳았다.

스타스페이스 역시 마찬가지다. 지금은 사업 초기라 남에게 이렇다 할 평가를 받기엔 아직 이르겠지만 '우주문화 테마사업'이라는 컨셉은 분명 '최초'를 지향하고 있다. '최초'는 단순한 '새로움'을 넘어 보다 발전된 삶과 문명을 만들어내는 시작을 의미한다.

최초가 된다는 것은 개인에게 커다란 동기부여를 준다. 은퇴 이후의 삶을 고민하고 준비해야 하는 시기에 꿈을 이야기하며 그것을 실현하기 위해 동분서주할 수 있는 것도 '최초'라는 의미가 나로 하여금 설렘과 긴장을 주기 때문이다. 누군가 했던 것, 어디선가 이루어지고 있는 것을 뒤늦게 따라하는 것이 아니라 첫걸음을 걷는다는 사실 자체가 실행력을 끌어올리는 자극제인 셈이다.

그러나 대다수의 평범한 사람들은 모험을 두려워한다. 그래서 늘 안정적이고 익숙한 환경에 머무르려 하는 경향이 있다. 알 수 없는 미래가 두렵고 새로운 것에 도전하려다 오히려 지금 가지고 있는 것조차 잃을까 봐 불안해한다. 이런 사람들은 큰 실패를 겪지는 않겠지만 성공 역시 이룰 수는 없다. 나의 경우에도 안정적인 직장과 교수 생활을 버리고 뛰어든 사업의 세계는 누구 말마따나 시베리아 벌판과도 같았다. 그런데 버리지 않고선 새로운 것을 얻을 수 없다는 말처럼 고난과 역경의 끝에는 손으로 잡을 수 있는 꿈이 기다리고 있었다.

과거와는 달리 이 세상은 지식정보사회를 표방하다 보니 너도나도 전문가요, 최고 권위자다. 더러는 누구나 알고 있는 사실과 지식에 대해 목청 높여 싸워 이기는 것만이 승리요, 성공이라고 생각하는 사람들도 있다. 하지만 성공은 '최고'가 아니라 '최초'인 사람에게 주어진다. 시대보다 한 발 앞서가고, 우물 안 개구리마냥 내부만 보는 게 아니라 늘 밖으로 시선이 향한 채 새로운 것에 도전하는 '최초'의 사람이 바로 성공한 사람이다.

　성공한 사람은 이미 정해진 길로 가지 않는다. 성공한 사람은 개척가의 DNA를 가진 사람이다. 블루오션을 향해 미지의 세상을 찾고야 말겠다는 의지가 있는 사람이 성공하는 법이다. 그래서 성공하는 사람들은 '최초'가 되기 위해 늘 새로운 일에 도전하고, 또 미래를 위해 오늘을 투자한다.

꿈을 함께하면
현실이 된다

백지장도 맞들면 낫다는 말이 있다. 어떤 일을 도모할 때 나 혼자만의 힘으로는 역부족을 느낄 때가 많다. 그럴 때마다 누군가의 도움을 얻으려 하지만 무작정 "내가 힘드니 좀 도와주쇼!" 하고 손을 내밀 수는 없는 일이다. 그런 관계는 그저 채권과 채무의 관계로만 남게 될 뿐이다. 잠시 아쉬울 때 손을 내미는 관계는 전형적인 아날로그 인맥이다. 그런 관계에서는 새로운 부가가치를 창출할 수 있는 디지털 인맥이 될 수 없다.

패션 브랜드의 대명사 베네통은 이상을 공유한 디지털 인맥에 의해 탄생한 기업이다. 루치아노 베네통Luciano Benetton은 가난한 집안의 장남 이었다. 그는 어린 시절에 사망한 아버지를 대신해 어린 나이부터 가장의 역할을 수행해야 했다. 신문팔이, 빵 배달, 일용직 점원 등 닥치는 대로 일을 하며 가족의 생계를 책임졌다. 4남매의 둘째이자 장녀인 줄리아나 또한 학교와 공장을 함께 다니다 열세 살에 학교를 그만두고 공장 일에 전념했다. 루치아노는 막내동생 카를로의 자전거와 자신의 아코디언을 판 돈으로 낡은 직조기를 구입해 의류사업을 시작한다. 낡은 직조기 한 대로 시작한 사업이었지만 그 꿈에 4남매가 모두 동참하면서 그들은 성공의 길을 내딛는다.

루치아노의 사업 감각과 줄리아나의 색감에 대한 재능은 곧 소비자들의 반응으로 이어졌다. 그들은 줄리아나가 짠 다양한 색상의 스웨터를 도매상에 팔아넘기면서 점차 인지도를 넓혀갔다. 그들은 한 가지 실을 가지고 옷을 생산한 뒤 염색을 하는, 당시로서는 첨단인 공정 기술을 개발해 베네통을 세계적인 의류메이커로 성장시키는 발판을 구축했다.

이 이야기를 들으면서 단순히 입지전적인 스토리에 감동 깊은 가족의 사연으로 흘려들을 수가 없었다. 꿈을 이루려고 한다면 내 주위에 있는 사람들 역시 꿈을 꾸고 있어야 한다. 특히 새로움에 도전하는 일이라면 더욱 그래야 한다. 일상적으로 하던 일을 하는 것도 아니고 하지 않던 일을 하기 위해서 필요한 것은 뛰어난 역량이라기보다 그 꿈을 이루겠다는 의지다. 더군다나 우주의 꿈을 이루겠다는 것은 더더욱 실행력을 갖춘 이들이 모여 함께 주인의식을 가지고 도전해야 할 일이다.

‘미르’를 처음 본 순간부터 지금까지 많은 사람들을 만났고, 또 투자나 실무에서의 협력을 제안해 왔다. 그러나 베네통 일가처럼 함께 꿈을 꾼 사람들이 아니라 당장의 이익을 위해 몰린 사람들은 약간의 어려움에도 지레 겁을 먹고 달아나는 법이다. 스타스페이스 사업이 본격적으로 시작될 때 ‘미르’의 희귀성을 알아보고 ‘돈이 된다’는 생각에 꿈이 무엇이든 앞으로 어떻게 되든 간에 일명 ‘묻지마’ 투자를 하려는 사람도 있었다. 많은 사람들이 ‘미르’의 희귀성을 인정하였을 때 난 내 꿈과 미래를 인정한 것으로 생각했다.

꿈의 또 다른 말은 비전이다. 비전은 공허한 구호이거나 그럴싸한 말잔치가 아니다. 그렇기 때문에 사람의 마음을 움직일 수 있어야 한다. 그렇지 않다면 우주를 향한 나의 꿈은 사람들에게 한낱 몽상에 불과할지 모른다. 반면에 내 꿈을 제대로 알아보고 인정해 주는 사람들을 만난다면 단순한 몽상이 아니라 비전과 이상으로 발전할 수 있다.

비전은 함께할 때 이루어진다

불가능해 보이는 비전이라도 많은 사람이 함께한다면 이루지 못할 것이 없다. 세계 모든 언론으로부터 ‘사막의 기적’이라고 찬사를 받는 두바이는 바로 셰이크 모하메드라는 지도자의 꿈에서부터 비롯되었다고 한다. 불과 10년 전만 해도 인구가 100만 명도 채 되지 않는 아라비아 반도의 작은 어촌이었던 두바이가 오늘날 전 세계의 이목을 받을 줄이야 누가 상상이나 했겠는가. 섭씨 50도가 넘는 황량한 사막에서 스키를 타고, 세계 최대의 인공섬과 세계 최고의 초고층빌딩이 들어선 환상의 공간으로 탈바꿈하리라는 생각은 현실적인 여건과 조건만을 따지는 사람들로서는 상상도 할 수 없는 일이었다.

전 세계 타워크레인의 10퍼센트가 모여 있고, 미국 〈포춘〉지 선정 500대 기업 중 150개 기업이 진출해 있으며 해마다 700만 명 이상의 관광객이 다녀가고, 해마다 10만 명의 상주인구가 늘어나는 아라비아반도의 떠오르는 진주. 두바이가 그렇게 된 데에는 바로 셰이크 모하메드라는 지도자의 꿈이 있기에 가능한 것이었다.

꿈을 몽상이라 불러도 상관없다. 신대륙을 발견한 것도, 우주에 로켓을 쏘아올린 것도 몽상으로부터 시작된 것이다. 그래서 상상의 힘은 위대한 것이다. 그것을 믿고 따라주는 사람들에게 몽상은 곧 비전이 되고, 꿈은 곧 현실이 되며 그들은 서로 굳건한 비즈니스 인맥이 된다.

꿈을 함께할 수 있으면 기존의 상식과 장애도 뛰어넘을 수 있다. 앞서 소개한 K군수의 사례를 보더라도, 군수나 부군수 둘 다 사전에 일면식이 없었던 것을 감안한다면 그 두 사람의 태도의 차이는 바로 그들이 무엇을 보았는가에 있었다고 할 수 있다. K군수처럼 그들이 스타스페이스의 비전을 먼저 보았다면 나에게 대뜸 통장을 보여 달라는 요구를 하지는 않았을 것이다.

'나의 꿈'이 아닌 '우리의 꿈'

나에게 꿈이란 단어는 묘한 힘을 준다. 사업을 준비하면서 숱한 역경을 겪었지만 결코 포기할 수 없었던 이유가 바로 '꿈'이었으니 말이다. 더군다나 '혼자'가 아닌 '함께'가 된 후론 나의 꿈에 그들의 꿈까지 더해져 그 힘은 몇 배, 아니 몇십 배가 되었다.

함께하는 꿈은 강력한 힘을 발휘할 뿐만 아니라 그것을 현실로 실현시켜 준다. 객관적인 조건과 역량을 뛰어넘는 에너지를 제공해 주기 때문이다. 그래서일까. 난 처음부터 스타스페이스를 준비하는 과정에서 주위 사람들에게 함께 꿈을 공유하자고 했다. 이 사업은 단순히 돈이 많다고 해서 이루어질 일이 아니었다.

김영주 항공박물관장과의 만남 역시 이익이나 돈을 벌겠다고 해서 이루어진 것이 아니다. 스타스페이스 사업을 처음 기획할 때 항공우주 전문기관이나 항공우주 전문가의 도움과 제휴가 절실하게 필요하다고 판단해서 공군을 전역한 고등학교 동창을 찾아갔다. 그 친구의 소개로 만나게 된 김 관장에게 나는 스타스페이스의 사업 설명과 더불어 왜 나의 꿈을 스타스페이스로 실현하려는가를 말해주었다. 가진 거라곤 '미르' 하나밖에 없을 때 그가 나를 믿어줄 수 있었던 것은 바로 우주를 향한 꿈 때문이었다. 그리고 국내에서의 사업이 생각만큼 진행되지 못하자 많은 사람들이 내 주변을 떠날 때도 김 관장은 묵묵히 자신의 자리에서 나를 기다렸다.

사람이 든 자리는 잘 몰라도 난 자리는 금방 느낀다는 말이 있다. 때로는 돈이나 쉽게 건넬 수 있는 위로보다 굳건한 믿음으로 자신의 자리에서 기다려주는 사람이 고맙다는 것을 그를 보고 새삼 깨달았다.

스타스페이스 사업이 중국에서 추진되면서 국내의 항공우주 전문기관에서도 나를 다시 찾기 시작했을 때, 나는 처음 항공우주테마파크를 만드는 구상을 하면서 도움을 받았던 김 관장을 자연스레 떠올렸다. 그는 눈앞의 이익이 아니라 나의 꿈을 알아보고 동의했던 사람이다. 나는 당연히 그가 한국의 스타스페이스를 책임져줄 인물이라 생각했다.

스타스페이스의 공간 하나하나는 꿈의 결정체다. 길 하나, 건물 하나에 우주와 미래를 향한 꿈이 담겨 있다. 이제 스타스페이스는 나만의 꿈이 아니라 이 시대를 사는 우리 모두의 꿈이다. 그래서 꿈을 품고 함께하는 이들이 주인일 수밖에 없다.

우주항공테마파크의 모든 건물과 시설엔 하나같이 나의 철학을 담았다. 심지어 길 이름에도 의미를 부여했다. 나와 함께하는 사람들의 꿈을 담고자 노력하였다. 그래서 그들이 이것을 지을 때나 또 앞으로 운영하면서 자신들의 꿈을 실현하고 있다는 체험으로 느끼도록 할 것이다. 혼자가 아니라 모두가 꿈이 현실로 바뀌는 과정을 함께 느낄 수 있도록 하는 게 나의 바람이다. 그렇기 때문에 스타스페이스는 단순한 브랜드가 아닌 함께 이룬 성공의 현장으로 인식될 것이다.

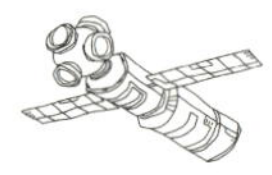

성과배분은
꿈을 지속시킨다

사람이 일을 하고자 할 때 당연히 그 일에 대한 보상을 기대하는 법이다. 아무런 대가 없이 일을 한다는 것은 사실 있을 수 없다. 굳이 물질적인 보상이 아니더라도 자기만족이나 성취감 자체가 보상의 의미가 되기도 한다. 그러나 아무리 좋은 일이다, 꿈을 이루어보자, 라며 서로에게 힘이 되는 말을 할지라도 성과가 없는 일이라면 흥이 나지 않는다. 꿈을 이룬다는 것 자체가 커다란 성과이겠지만 단기 성과에 대해서도 제대로 배분을 하지 않으면 구성원들은 지칠 수밖에 없다. 그래서 뛰어난 리더들은 성과배분을 소홀히 하지 않는다.

동아시아에서 동유럽까지 대제국을 건설했던 칭기즈칸이 바로 공정한 성과배분의 효과를 제대로 인식했던 인물이다. 제국의 영토를 넓히기 위해 거침없이 진군을 하던 몽고군은 군대 전체가 일사분란하

118

게 움직이면서 불패의 신화를 자랑했다. 도대체 여러 부족으로 흩어져 있던 몽고민족이 어떻게 하나가 되어 대제국을 건설할 수 있었을까. 칭기즈칸의 위대함을 강렬한 카리스마 하나만으로 설명할 수 있을까. 칭기즈칸은 사분오열의 몽고민족을 하나로 묶으면서 원대한 비전과 신속한 의사결정, 그리고 두말할 필요가 없는 용맹성으로 이름을 떨친 군대, 양질의 지식과 기술을 최대한 받아들였던 개방성 등 탁월한 리더십을 발휘했다. 그러나 나는 그의 리더십에 한 가지를 덧붙이고 싶은 게 있다. 바로 '공정한 성과배분'이다.

그는 자신의 부하들을 통솔할 때 공정한 자세를 보여주었다. 수많은 전장에서 공을 세운 많은 부하들의 전공戰功을 인정할 때도 음지에서 묵묵히 역할을 수행한 부하들을 잊지 않았다. 당시 몽고군은 선봉에서 싸우는 부대의 용맹성 못지않게 후방에서 열심히 보급과 병참을 지원하기 위해 노력한 군사들이 있었다. 그런데 아무래도 전장에서 직접 적과 마주쳐 피를 흘려야 하는 전투부대의 장수들과 군사들에게 전과가 돌아가기 마련이다. 그러나 칭기즈칸은 전장에서의 병참과 보급의 중요성을 말로만 강조한 것이 아니라 승리의 전리품을 그들에게도 돌아갈 수 있도록 조치했다. 자칫하면 전공 다툼과 소외로 인해 전열이 흐트러질 수 있었지만 칭기즈칸의 공정한 성과배분으로 몽고군은 혼연일체로 짧은 시간 동안 중원을 정복하고 유럽을 넘보는 초강대국이 될 수 있었다.

칭기즈칸이 자신의 웅대한 비전을 보여주는 것으로 여기저기 흩어져 있던 부족들을 모을 수는 있었겠지만, 부하들의 성과를 제대로 관리하지 않았다면 그 넓은 제국을 건설하지는 못했을 것이다. 성공할 수 있다는 비전은 분명 나 혼자만의 것이 아니라 모두의 것임을 보여 줘야 하고, 그 성과 역시 리더만 차지하는 것이 아니라 함께 나눌 수 있어야 한다.

비전을 공유한 사람끼리 등을 돌리는 이유는 성과를 함께 나눈다는 신뢰가 깨졌기 때문이다. 고생한 만큼, 일한 만큼 공정하게 가져갈 수 있다는 '공정한 성과의 배분'이야말로 조직원들에게 자발적인 열정을 불러일으키게 하는 원동력이 되는 것이다.

★ 권한위임은 성과배분의 시작

스타스페이스는 꿈을 함께 나누는 것을 원칙으로 한다. 그렇기 때문에 말뿐이 아니라 실제 성과도 공정하게 나누고자 많은 노력과 세심한 주의를 기울이고 있다. 또한 성과배분은 구성원들에게 동기부여의 의미만 있는 게 아니다. 때론 위기를 극복할 수 있는 돌파구를 마련해 주기도 한다. 나는 예전부터 공정한 성과배분에 대해 관심이 많았는데 특히 지점장 시절에 맺은 인맥 중 한 분의 이야기를 통해 그것을 더욱 깨닫게 되었다.

"S사장님. 많은 기업들이 IMF로 도산하거나 아니면 규모가 줄어들 수밖에 없었는데 이 회사는 어떻게 더 클 수가 있었습니까?"

중소기업을 운영하는 S사장은 IMF 시절에 쓰러져가는 주위의 기업들과는 달리 오히려 사세를 더욱 확장해서 많은 사람들의 궁금증을 자아내게 했다.

"전 IMF 때 딱 한 가지만 했습니다. 그건 구조조정도 아니고, 임금 삭감도 아니었습니다. 전 직원의 급여를 예전보다 인상시켰습니다."

"아니, 당시 현금이 부족해 도산하는 기업들이 많았는데 어떻게 그런……."

"하하, 제 주위의 기업하시던 분들도 지출을 줄여야만 살 수 있다면서 임금을 삭감하고, 직원들을 밖으로 내보냈죠. 그러나 그렇게 해도 망할 기업은 망하더군요."

S사장은 위기가 왔음에도 불구하고 성과가 나오면 직원들에게 공정하게 배분을 했다. 거기다 모두가 어려우니 자신이 양보를 하면서 직원들의 월급까지 올려준 것이다. 이런 그의 결단에 직원들은 크게 동기부여가 될 수밖에 없었다. 당연히 일을 더 열심히 하고 완벽한 품질의 제품을 만들어내는 결과를 가져왔다. 훌륭한 제품과 서비스, 그리고 납품기일의 준수는 모든 게 엉망으로 돌아가던 시절에 거래처의 신뢰를 쌓는 기반이 되었다.

성과만 공정하게 배분한 것이 아니다. 올바른 성과배분이 이뤄지기 위해서는 먼저 배분할 수 있는 성과가 나와야 하기 때문에 S사장은 과감한 권한위임을 실행했다. 그는 직원들에게 적절한 권한위임을 해줌으로써 자발적인 열정을 불러일으켰다. 직원들은 모두 회사의 생존과 발전을 자신의 일로 받아들여 밤낮을 가리지 않고 일했다. 결국 회사는 IMF의 위기를 극복하고 다른 경쟁사들은 갈수록 움츠러들 때 승승장구할 수 있었다.

무릎을 탁 칠 수밖에 없는 답이었다. 우문에 현답이라고나 할까. 모두가 똑같은 방식으로 뭔가 줄이고, 잘라내고, 끙끙대는 대신 S사장은 현재와 과거의 고통보다 미래의 공유를 직원들에게 보여준 것이었다. 이런 공정한 성과배분의 위력은 유태인들의 철학에서도 확인할 수 있다.

스타스페이스에서도 마찬가지다. 함께 일하는 사람 중에 30대 중반을 갓 넘긴 민이사가 있다. 민이사가 그 나이에 어떻게 이사라는 직책을 맡게 되었을까. 그것은 다 그의 재능과 실행력 때문이다. 그는 "이제는 우주문화시대"라는 인식을 나에게 늘 되새기게 해주며, 내가 필요로 하고 또 만나야 되는 사람을 연결시켜 주는 능력이 탁월하다. 그 능력은 나이와 상관이 없다. 자신이 해야 할 일을 제대로 수행하는 사람이기에 이사라는 직책을 맡아 자신의 역할을 해내고 있는 것이다. 그로 인해 미국의 유명한 부동산 사업가 L 대표 등 국내외에서 많은 지지자를 얻을 수 있었다.

"성과를 배분하고 권한을 위임하면 조직원들은 자발적으로 따라온다. 형식적으로 지위에 복종하고 굴복하는 게 아니라 리더에게 충성을 바치며 인격적으로 따른다. 리더는 마치 가정의 존경받는 아버지처럼 되고 기업은 경영 패밀리가 된다."

수천 년 동안 나라 없이 떠돌이 생활을 했던 유태인이 살아남을 수 있었던 이유다. 그들은 오랜 세월 동안 고유의 신앙과 문화를 지켜내는 데 성공하고, 오늘날에도 세계 각국의 파워 엘리트 집단 곳곳에 고루 퍼져 있어 세계의 정치와 경제, 문화를 좌지우지하고 있다. 세계 각지에 흩어져 사는 그들의 결집력은 같은 비전을 공유하고 공정히 성과를 배분하는 것이 현실에서 어떤 힘을 발휘하는지 잘 보여준다.

자기가 노력해도 아무런 결과가 돌아오지 않는다면 그것에 열정을 쏟아 부을 사람은 없다. 지금 현재에는 아무것도 손에 들어오지 않더라도 언젠가는 내게 성과가 돌아올 것이라는 신념과 희망이 바로 인간을 움직이는 궁극적인 힘이다. 자신의 인맥을 가꾸고 싶은 사람이라면, 조직을 이끌어야 하는 리더라면 공정한 성과배분에 정성을 기울여야 한다. 성과가 공정하게 분배되었을 때라야 사람들은 그 결과물을 가지고 서로 싸우지 않는다. 또한 신뢰와 존경이 절로 싹트게 된다.

성공은 결코 일회적이지 않다. 인맥 또한 마찬가지다. 또한 성과배분이나 권한위임은 각자의 능력에 따라 이루어지는 법이다. 무작정 성과를 나누고 권한을 위임한다고 해서 이상적인 조직이 되는 것은 아니다. 그래서 권한위임이나 성과배분은 공정해야 한다. 오랫동안 서로를 신뢰할 수 있는 인맥을 유지하고 싶다면 가장 먼저 공정한 권한위임과 성과배분부터 힘써야 한다.

성과배분은 한 조직의 구성원들끼리만 나누는 것이 아니다. 요즘도 가끔 민간기업이나 공사에서 실시한 과도한 성과배분에 대해 비판하는 것을 볼 수 있다. 이는 부에 대한 단순한 시기나 질투가 아니다. 예전처럼 극도의 빈부격차가 있을 때는 부가 일종의 선망이자 동시에 증오의 대상이 되었지만 이제는 존경의 대상이 되어야 한다. 그렇게 부가 존경의 대상이 되려면 부를 가진 사람들이 그것을 존경받을 만한 곳에 사용할 줄 알아야 한다.

아무리 사회에서 성공한 사람이라 하더라도 혼자만의 힘으로 된 것은 하나도 없다. 가끔 자신의 탁월한 능력 하나로 성공했다는 사람이 있는데 이는 잘못된 생각이다. 부라는 것 자체가 사회적인 관계가 얽혀 있는 시장에서 이루어지는 것이다. 즉 나의 부는 사회를 통해서 축적된다는 말이다. 그렇기 때문에 궁극적인 성과배분은 사회에 대한 부의 환원이라고 할 수 있다. 그렇기 때문에 나는 '베푸는 부자', '행복한 부자'가 되기를 원한다.

해마다 막대한 재산을 기부하는 워렌 버핏과 같은 명사들이 왜 그렇게 기부와 사회 환원에 적극적일까? 그것은 단순한 동정과 봉사의식이 아니다. 자신의 부의 원천이 어디인지 알기 때문에 하는 것이다.

스타스페이스 사업을 이야기하면서 테마파크 주변의 지역 사람들을 채용하겠다는 원칙 역시 어찌 보면 지역사회와의 성과배분이다. 함께해야 성공한다는 것을 알기 때문에 성과를 공유하자는 것이다.

모든 성과를 나 혼자 차지하겠다는 오만은 미래를 버리는 것과 같다. 이 사회에서는 고립된 인간이 성공할 수 없다. 복잡하게 엮인 인간관계와 정보의 네트워크는 갈수록 사회성을 요구한다. 아무리 개인주의적 세태가 심해진다고 해도 진정한 리더는 사회성을 기반으로 사람들을 묶는다. 자신의 조직이든 불특정 다수든 리더는 결코 열매를 독식하지 않는다. 스타스페이스가 성공의 길에 들어갈 수 있었던 원동력도 이런 공정한 성과배분 덕분이다. 그래서 나는 비즈니스를 할 때 늘 처음의 계약부터 공정한 성과배분을 염두에 두고 시작한다. 이번에 강원도와 충북의 요지에 스타스페이스 우주문화테마파크 추진을 위한 계약을 많은 업체와 명사들과 하면서도 내가 얻는 것을 따지기보다 그들이 얻는 것을 먼저 생각했다. 상대방이 만족해야지만 일이 성사되는 법이라 나 혼자만의 성과를 생각해서는 안 되는 것이다.

한 사람의 인생은 좌절과 극복의 곡선을 그리며 살아가는 여정이다. 나 역시 예외는 아니다. 꿈을 제대로 펼쳐보기도 전에 위기를 맞기도 했지만 결국 변치 않았던 것은 꿈을 이루겠다는 결심이었다. 그리고 이런 결심이 가능한 것은 주변 사람들의 믿음 때문이다. 사무실 직원들을 비롯한 나의 인맥은 평소 나에 대한 믿음이 강했는데 내 것을 따지기보다 모두의 성과를 공정하게 배분했기 때문에 가능한 일이라 생각한다. 성공은 나만의 것이 아니다. 열매를 함께 땄으면 당연히 같이 먹어야 한다. 그래야지만 위기가 오더라도 서로 하나가 될 수 있다.

나를
살리는 사람,
죽이는 사람

03
PART

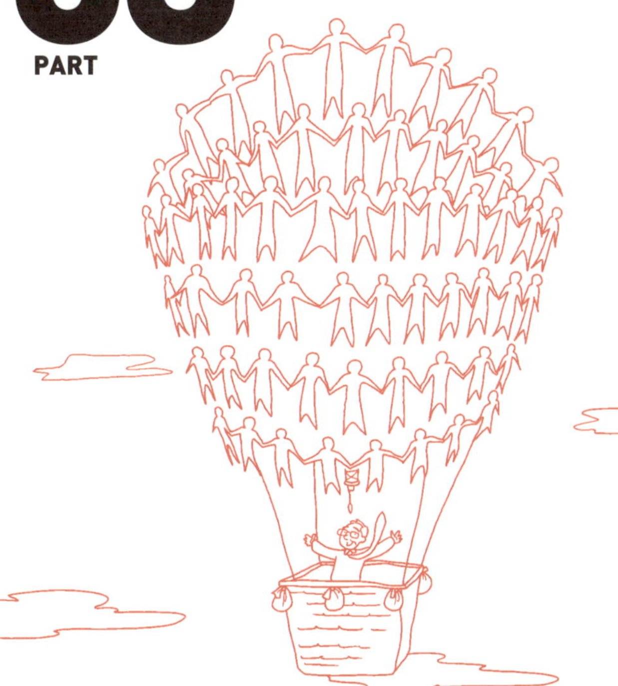

“나를 지지하고 믿어주는 성공의 동반자가 있어야 진정한 성공을 이룰 수 있다.”
피터 드러커

나에게 왜
사람은 중요한가

사람을 살리는 것도, 또 죽이는 것도 결국 사람이다. 살다 보면 예상치도 못한 사람에게 큰 도움을 받기도 하고 믿었던 곳에서 뒤통수를 맞는 일도 적지 않으니 말이다.

예전에 컴퓨터가게에서 일을 하며 힘들게 지내던 친구가 있었다. 절친하게 지내던 친구라 그런지 안타까운 마음에 대출을 알선해 주었다. 당시 평범한 은행원이었던 나는 담보나 신용이 없는 그 친구를 위해 보증까지 서 주면서 자기 가게를 차릴 수 있도록 도움을 주었던 것이다. 다행히 몇 년 후 그 친구는 가게를 몇 개 더 낼 정도로 사업이 번창해졌다.

"야, 너 이렇게 번듯하니 잘 되니 내가 다 마음이 좋다."

오랜만에 가게에 들른 나는 친구가 잘 돼가는 모습을 보니 기분이 좋았다.

"하하, 그러냐?"

그 친구는 이제 외양도 제법 사장 티가 났다.

"너 이참에 예금 하나 넣어주라. 너는 내실 있게 저축해서 좋고 나는 실적 올려서 좋고."

대리로 갓 진급한 후라 실적이 중요하기도 했지만, 그 정도로 성공했으면 그 친구도 슬슬 제대로 된 예금을 준비해야 될 것 같기에 한 말이었다.

"야, 내가 대리 나부랭이 상대하게 생겼냐? 너네 지점장 보내라."

처음엔 농담인 줄 알았다. 그런데 그 친구는 정말 대리인 나한테는 거래를 틀 마음이 없다고 못 박았다. 순간 무안하기도 했지만 한편으론 섭섭하기 짝이 없었다. 그 친구가 힘들던 시절 내가 보증까지 마다하지 않았던 것은 둘째치고라도 10여 년 우정을 이렇듯 아무것도 아닌 것으로 만들어버리는 그가 못내 원망스럽기까지 했다. 씁쓸하기 그지없는 하루였다.

우리가 흔히 말하는 인맥과 진정한 인맥과는 큰 차이가 있다. 단순히 혈연, 지연, 학연 등으로 얽힌 인맥은 단순한 아날로그 인맥에 불과하다. 그들은 면전에서 웃어주고 좋은 말, 좋은 관계, 나아가 무조건 베푸는 관계면 만족한다. 바꾸어 말하자면 그들은 웃어주지 않고, 좋은 말을 하지 않고 베풀지 않으면 결국 나에게 등을 돌린다는 말이다.

진정한 인맥은 디지털 인맥, 비즈니스 인맥이다. 그들은 나와 이상을 같이하며 신뢰를 형성한 관계이다. 진정한 인맥은 일상과 일을 구분하지 않고 인생의 전반을 함께하는 '투게더Together', 학력이나 지위, 비전, 전문성 등보다 앞서야 하는 '트러스트Trust', 끊임없이 노력하고 발전시키는 '트레이닝Training', 즉 '3T'가 그 바탕에 깔린 멤버십을 의미한다. 이것이 바로 3TM, 즉 디지털 인맥이다. 그리고 이 3TM에 이상과 비전을 함께하는 '비즈니스Business'를 더한 것이 바로 비즈니스 인맥, 즉 3TBM이다.

27년 은행원 시절을 지나오며 소중한 사람들과 소중한 인맥을 맺어왔다. 그런데 막상 사업이란 것에 본격적으로 발을 들여놓고 보니 예상치도 못한 우여곡절을 겪어야 했다. 나는 그러한 인생의 굴곡에서 내가 그들에게 무엇을 해주기보다는 그들에게 부탁해야 할 일이 늘어났다는 사실이 서글퍼졌다.

몇 번의 망설임 끝에 수화기를 들었지만 냉정한 거절의 목소리가 들려왔고, 모든 것을 포기하고 찾아간 곳에서 예상외의 희망을 얻을 때도 있었다. "시련을 통해 더욱 성숙한다."는 말처럼 나는 역경 속에서 진정한 인맥을 알아볼 수 있는 힘을 길렀다.

만남은 곧 기회다

미국의 인구가 2억 명일 때, 한 사람이 대통령에게 연결되기까지 과연 몇 명의 인맥이 필요한지 실험한 적이 있다. 결과는 5.5명이었다. 인맥과 인맥을 연결하니 5명 또는 6명을 거쳐 대통령에까지 이르렀던 것이다. 모 대학에서 우리나라의 경우를 조사하였더니 4.5명이면 어느 누구와도 연결이 되었다.

서울역에서 부산역까지 기차를 타고 갈 때, 옆 자리에 나보다 20년은 더 연상인 노인이 타고 있다고 가정하자. 서로 인사를 나누는 과정에서 그 노인의 딸이 내 아내와 고등학교 동창이라는 사실을 알아냈다면 "이거, 정말 우연이네요?"라고 말할 것이다. 하지만 알고 보면 그다지 놀랄 일도 아니다. 아무리 모르는 사람이라도 몇 단계를 거쳐 보면 서로 아는 사람으로 연결되어 있기 때문이다. 이것을 흔히 관계의 6단계 법칙^{6 Degrees of Separation}이라고 하는데, 어느 누구라도 6단계 이내에는 서로 아는 사람으로 연결될 수 있다는 이론이다. 결국 우리는 아무 관련도 없는 누군가와도 중간에 6명쯤의 인맥이 있으면 연결될 수 있다는 말이다. 인맥이란 이렇듯 중요한 것이다.

성공과 실패, 만남과 헤어짐, 이익과 손실 등이 섞여 있는 지난 시절을 회상하다 보면 언제나 결론은 '많은 인맥들이 있음으로써 여기까지 왔다'는 것이다.

《한국의 부자인맥》 출간 이후 사람들은 어떻게 하면 좋은 사람들을 인맥으로 만들 수 있냐며 그 비결을 물어온다. 언제나 답은 하나다. 인맥은 단순히 알고 지냈던 시간의 길이가 아닌 가슴의 깊이로 만나야 한다는 것이다. 그러기 위해서는 무엇보다도 작은 만남, 우연한 만남도 소중히 할 줄 아는 자세가 필요하다. 왜냐하면 만남은 곧 기회로 이어지기 때문이다.

언젠가 한국의 토지 매물에 관심을 가지고 있는 홍콩 사업가로부터 투자가치가 있는 땅을 찾아 달라고 부탁받은 적이 있다. 평소 그의 사업 추진력과 성실함을 익히 알고 있던 나는 근교에 있는 몇 군데의 땅을 보여주기로 했다.

홍콩 상인과 부동산 중개업을 하는 사람, 그리고 수백억 원대의 재산을 가지고 있는 기업가 K회장 등 몇몇 관련자들이 동행하게 되었다. 그런데 이동 방식에서 부동산 중개업을 하는 사람과 K회장 사이에 서로 간의 의견이 엇갈렸다.

"다함께 갈 수 있도록 9인승 승용차를 이용하는 게 좋지 않을까요?"

평소 개인 리무진을 이용하는 K회장은 그날따라 함께 가는 방법을 제안했다.

"편하게 가려면 승용차에 두 대로 나눠가는 게 좋을 것 같은데요."

부동산 중개업자는 편하게 가는 길을 고집했다.

결국 부동산 중개업자와 동행자는 별도의 승용차를 이용하고 나와 K회장, 홍콩의 상인 등은 9인용 승합차를 타고 이동하게 되었다.

물론 이것은 대수롭지 않은 의견충돌로 보일 수도 있다. 하지만 여기에는 성공할 자질이 있는 사람과 그렇지 못한 사람의 차이가 나타난다. 부동산 중개업자는 그다지 부유한 편은 아니었다. 하지만 어서 성공해 큰 재산을 모으고 싶어 하는 사람이었다. 그에 비해 K회장은 성공의 정점에 이르렀다고 해도 될 만큼 부유한 사람이었다. 그런데 이 두 사람은 자신의 상황과는 다소 상반되는 말을 던진 것이다.

그날 K회장, 홍콩의 상인 등과 함께 9인승 승합차를 탄 것은 단지 이동을 위한 만남으로 그치지 않았다. 함께 길을 오가며 도중에 식사를 하고 화장실도 함께 가고, 내려서 잠깐 담배 피우고 차를 마시는 동안 어느덧 우리 사이에는 친밀한 감정이 싹트게 되었다. 해질녘 서울로 올라와 헤어질 무렵에는 서로의 가족관계, 작은 습관, 평소 생활상, 나아가 각자의 취향과 속마음도 알게 되었다. 특히 나는 홍콩 상인의 땅을 보는 안목과 세심함에 호감을 느꼈고, 그는 나의 열성적인 협조에 고마움을 표시했다. 그것을 계기로 우리는 인연을 지속했으며 신뢰를 확인한 후 서로의 좋은 인맥이 되었다.

그런데 그날 승용차를 타고 이동한 부동산 업자는 그날 하루 몸은 편할 수 있었겠지만 그것 이외의 다른 것을 얻지는 못했다. 그에게 그 만남은 단지 하루의 인연일 뿐 인맥으로 발전시키지 못했던 것이다.

모든 만남이 이와 다르지 않다. 업무적인 자리가 사적인 자리로 발전하기도 하고, 사적인 자리가 업무적인 자리로 발전하기도 한다. 당장의 편안함이나 남에게 보이기 위한 자존심만 앞세워 정작 만남의 중요한 의미를 깨닫지 못하는 것이 대개의 성공하지 못하는 사람들의 공통된 특징이다.

스타스페이스의 PM^{Project Management}를 맡고 있는 GMI골프그룹의 안 사장은 국내외 골프레저의 대가로 통한다. "잡은 손 놓지 말자."고 나와 깊이 손잡은 이분과의 신뢰의 만남은 나에게 수많은 국내외 굴지의 명사들에게 인정받는 기회를 만들어주었다. 그야말로 신뢰가 신뢰를 낳은 것이다.

언젠가 이분이 초대해 GMI 창립기념 행사의 축사를 한 적이 있었다. 그 행사의 사회를 맡은 아나운서를 보고 나는 어릴 적 꿈이 아나운서였다는 이야기를 잠시 언급했다. 행사가 끝난 후 골프중계를 하는 그 아나운서와 나는 이런저런 이야기를 나누게 되었다. 나의 꿈 이야기를 듣고 그가 내 소개를 너무나 멋지고 감동적으로 해주더니 나에게 호감을 표시한 것이다. 나는 그에게 스타스페이스에 투자할 골프선수들을 소개해 달라는 말을 건넸는데, 얼마 후 그가 골프레저 전문 신문 L 이사의 연결로 미국의 성공한 레저골프 스포츠사업가 P 사장을 소개시켜 주는 게 아닌가. 덕분에 골프선수 출신의 P 사장은 크릴우주식품 사업에 참여하게 되었다.

인맥은 이처럼 우연한 만남에서 시작된다. 그러나 우연한 만남은 결코 우연히 오지 않는다. 그것은 기회를 놓치지 않는 실행력에서 오는 것이다. 모든 만남을 기회로 이끌어가는 것 역시 성공의 단초가 되는 행동이다.

어떤 분야라 하더라도 전문지식 하나만으로 크게 성공하는 시대는 지났다. 내가 가지고 있지 못한 능력과 정보, 자질을 가진 주변의 내편

들을 많이 만들어 인맥으로 맺어갈 때, 생각지도 못한 커다란 성공이
다가오는 것이다.

작은 인연을 소중히 하라

중국의 스유엔이 쓴 《상경》이라는 책에 "뜻은 높게 가지되 시선은 낮
게 두고 가까운 인연에 충실한다."는 말이 있다. 나는 이것이 거부巨富
들의 비밀이라고 말한다. 이처럼 인연은 크고 거창한 만남에서 비롯
되기보다는 작고 우연한 만남에서 시작되는 것이다.

Y뉴스의 K기자도 작은 인연으로부터 시작해 지금은 나의 소중한
인맥이 된 사람이다. 그가 처음 나를 취재하러 왔을 때부터 나는 직감
적으로 좋은 인맥이 될 수 있다는 느낌을 받았다. 아니나 다를까, 그
는 당시로는 지명도가 낮은 나에게 "잡지에 칼럼을 써주시지 않겠습
니까?"라는 파격적인 제안을 해왔다. 그것도 단 한 번의 인터뷰만으로
말이다.

칼럼을 의뢰받은 잡지는 《마이더스》라는 경제전문지로, 세계 26개
국에 판매되는 꽤나 국제적인 잡지였다. 나는 내 능력에 대해 확신하
지는 않았지만, 긍정적이고 대범하게 생각하려고 노력했다. 그동안 강
의와 저술 활동으로 쌓아놓은 노하우를 아낌없이 사람들에게 풀 수
있다는 것은 또 다른 의미에서의 '베푸는 부자'였다. 그래서 나는 흔쾌
히 칼럼 제의를 수락했다.

다행히 칼럼은 반응이 꽤 좋았다. 그 후 각종 언론에서도 나에 대해 상당히 인정을 해주었을 뿐만 아니라 나의 칼럼을 읽은 국내의 독자는 물론 국외에도 인맥이 생겨났다. 최장수 칼럼으로 연재되었는데, 그 후 K기자는 나의 뉴스를 기사화하였으며, 그 덕분에 비즈니스에도 큰 성과를 가져다주었다. 아주 작은 만남도 때로는 이렇듯 큰 결과를 가져올 수 있다. 작은 만남을 소중히 가꾸어 신뢰 관계로 발전시킨 우리 둘은 서로 예상치도 못한 큰 성과를 거두었으니 말이다.

경영컨설팅 전문회사인 H사 사장님 또한 아주 우연한 기회에 인맥이 된 분이다. 지점장으로 근무할 때 H사는 여러 은행과 거래를 하고 있었다. 지점장인 나에게 좋은 고객을 확보하는 것은 무엇보다 중요한 일이므로 나는 H사로 전화를 걸었다.

"예, 비서실입니다."

다행히 전화는 비서실에 연결되었고, 나는 비서의 설명을 들은 후 우선 컨설팅 회원사로 가입했다. 이후 나는 전화를 받았던 비서실 직원을 설득해 첫 거래를 트게 되었다.

"지점장님의 철학이 저희 사장님의 철학과 비슷하네요. 두 분이 만나실 수 있도록 주선해 보겠습니다."

당시로는 고객을 확보하고자 하는 차원으로 비서에게 먼저 나의 디지털 인맥론을 이야기했는데 그 비서가 여느 은행 지점의 영업활동과는 다르게 생각했던 모양이었다. 덕분에 나는 H사 사장님을 직접 만나게 되었고, 그 분이 쓴 경영과 리더십에 관한 책까지 선물로 받게 되었다. 나 또한 내 철학을 이야기하며 서로가 즐겁게 이야기를 나누게 되었다.

"지점장님의 철학을 저희 직원들에게 강의를 좀 해주시면 고맙겠습니다."

H사의 사장님은 나에게 강의를 부탁해 왔고 나는 기쁘게 그것을 수락했다. 이런 것이 바로 인맥을 만들어가는 기쁨이다. 당장의 이익이 아닌, 내가 꿈꾸고 가꾸어왔던 가치관과 꿈을, 그리고 미래를 함께 논한다는 것 자체가 인맥 쌓기의 즐거움이자 보람인 것이다. 이후로 그분과 나는 진정한 디지털 인맥으로 발전하여 지금도 그 만남을 이어가고 있다.

작은 만남이든, 우연한 만남이든 만남은 소중한 것이고, 분명 어떤 기회를 주기 마련이다. 그래서 성공하는 사람들은 결코 만남을 일회성으로 만들지 않는다. 어떤 사람이 내게 어떤 도움을 줄 수 있을지 아무도 모르는 것이기 때문이다.

답은 언제나 사람이다

나는 자전거 타기를 즐긴다. 그래서 나의 연구실 건물 1층에는 항상 자전거가 준비되어 있다. 일을 하다가도 짬이 나면 자전거를 몰고 밖으로 나서기 위해서다. 내가 잘 가는 곳은 한강둔치의 자전거 도로다. 단순히 운동을 하자고 자전거를 타는 것은 아니다. 거리의 사람들을 보며 막혔던 생각에 길을 내고, 비전을 떠올리며 내 이웃들의 모습을 접한다.

자전거를 타고 한강둔치를 가다 보면 사람들이 이따금 서로를 다독이고 위로하는 모습을 볼 때가 있다. 혼자 음악을 들으며 걷거나 뛰는 사람의 표정에선 미소를 찾기가 쉽지 않지만 누군가와 함께인 사람들은 대부분 그 얼굴에 환한 미소가 번진다. 흔히 지나칠 수 있는 장면이지만 나는 소중한 진리를 확인하는 느낌마저 든다. 누군가와 함께일 때 우리는 진정한 행복을 느낄 수 있는 것임을 말이다. 부자가 되는 방법도 사람 사는 모습과 크게 다르지 않다. 혼자가 아니라 함께해야 성공과 부자의 길도 열리는 것이다.

"서점에 갔더니 교수님 책이 있더라고요. 제가 한 30권 사서 주위 분들에게 선물했습니다. 교수님이 하시는 일, 분명 번창하실 겁니다. 하하."

내 책이 눈에 띌 때마다 몇십 권씩 사서 지인들에게 선물하는 분이 있다. 인삼의 고장 금산에서 인삼밭을 가꾸고 판매하는 청풍인삼의 K 사장은 어떻게 하면 나를 더 성공시킬지 궁리를 멈추지 않는 분이다.

지금이야 전용승마장에서 승마를 하고 고급 세단을 타는 그이지만 불과 몇 년 전만 해도 좁은 봉고차에서 새우잠을 자던 시절이 있었다. 7전8기의 정신으로 지금의 사업을 일군 그는 나만큼이나 사람의 소중함을 경험한 듯하다. 인맥을 가슴으로 가꾸는 법을 알고 있으니 말이다.

스타스페이스 사업을 국내에서 추진하려 이것저것 알아볼 때도 그분은 내게 큰 도움을 주었다. 우주항공 사업을 위해서 필요한 우주항공 전문기관과의 협조도 그분의 인맥 덕분에 일이 순조롭게 풀릴 수 있었다. 그는 서로를 소개하고 연결시켜 줄 때도 "서로가 서로를 위해 무엇을 할 수 있을지 끊임없이 고민하라"고 조언했다. 물론 그 역시도 이 말을 생활화하고 있다. 무조건 도움을 청하기보다 서로에게 도움이 되는 존재가 되어야 한다는 그의 생각은 나의 인맥론과도 맞닿는 이야기다.

얼마 전 사업과 관련해서 외부 행사를 한 적이 있었다. 이때도 그는 잊지 않고 행사장으로 인삼을 두 박스나 보내왔다.

"아니, 이 귀한 걸 뭘 하러 보내주셨습니까. 그것도 두 박스씩이나."

"사업하신다고 힘드실 텐데 교수님 몸도 보신하시고, 고생하는 주위 분들에게도 조금씩 나눠주십시오."

나는 그의 자상하고 세심한 배려에 감동받지 않을 수 없었다. 사소한 정이라 할지라도 정맥에서 나오는 정이 아닌지라 더욱 그랬다. 물론 나 역시 어떻게 하면 그의 사업에 도움을 줄 수 있을까를 늘 궁리한다. 우주식품을 개발할 때 그의 인삼을 재료로 써보기도 하고, 중국과 일본 방문 시 그의 회사에서 나온 인삼을 선물로 가져가 중국에 홍보하기도 했다. 더불어 스타스페이스 사업에도 그를 참여시킬 수 있을지 궁리 중이다.

이런 나의 생각은 중국에서도 마찬가지였다. 중국에 진출하고자 광동성에 방문했을 당시에 만나 나의 일을 도와주고 있는 사람이 있다. 지금은 중국 현지법인에서 우리로 말하면 CEO 격인 총경리를 맡고 있는 이경복이 바로 그 사람이다. 그는 사업 초기에 내가 힘들 때마다 내 편이 돼준 사람이다. 나의 꿈과 미래에 공감했기 때문에 가능한 일이라 생각한다. 중국에서 사업하는 데 필요한 영업허가증, 외국인투자허가증, 조세허가증, 기업허가증을 받는 데도 그의 힘이 컸다. 이중 하나만 받아내도 사업은 가능하지만 그는 네 가지를 모두 받아내는 수고를 아끼지 않았다.

중국에서의 사업이 워낙 큰 규모이다 보니 이권과 자금 등 한 순간이라도 방심하면 안 될 정도로 긴장의 연속이다. 이런 과정에서 예상치 못한 중상모략을 당하는 일도 있었다. 하지만 그때마다 그는 신의를 저버려선 안 된다며 나에 대한 믿음을 확고하게 지키며 항상 뒤에서 묵묵하게 나를 도와주었다. 이처럼 큰 도움을 주면서도 그는 자신이 한 일에 대해서 단 한 번도 생색을 내지 않는다.

게다가 중국 방문 시에 지출되는 만만치 않은 경비를 사비로 충당하고도 그는 티를 내지 않았다. 우리 일행이 출장 경비를 정산하기 전에 이경복 총경리가 비용을 부담하고도 나에게 따로 청구하지 않았던 것이다. 나중에야 그 사실을 안 나는 그에게 너무나 감사하고 미안한 나머지 "내가 귀국하면 처리해 줄 테니 비용청구를 하세요."라고 했지만 그는 끝까지 자신은 한 게 없다며 극구 사양하는 게 아닌가.

장삿속으로 인간관계를 맺은 사람들은 조금이라도 힘들라치면 자신의 투자금이나 각종 비용을 회수하겠다고 난리를 친다. 현재의 나 역시도 짊어지고 있는 이 냉엄한 현실을 우리는 인정해야 한다. 그러나 이경복 총경리는 이미 상대에 대해 확인하고 신뢰하여 확신의 관계로 간 이상 그 신뢰를 깨뜨리지 않도록 끊임없이 노력한다. 물론 나역시 그와의 신뢰를 지키기 위해 끊임없이 노력하고 있다. 이것이 진정한 사람 사는 도리며, 진정한 인맥 가꾸기다.

팍팍한 세상살이에서 나는 이경복 총경리 같은 소중한 인맥을 얻으며 "답은 언제나 사람이다."라는 확신을 갖는다. 지금의 스타스페이스가 있기까지 혼신의 힘을 다해 나를 도와주는 든든한 나의 참모 박헌직 3TM 회장도 "사람이 답"임을 확인시켜 주는 아주 소중한 인맥이다.

언젠가 나의 강의를 듣다 알게 된 지인의 남편이 주지스님으로 계시는 신림동의 승불사에 간 적이 있는데, 그곳에서 당시 모 국회의원의 수석보좌관으로 있던 박헌직 회장을 처음 만나게 되었다.

박헌직 회장은 한 마디로 리더를 위해 자신의 온 기운을 불어넣는 사람이다. 처칠의 보좌관이 처칠을 수상으로 만드는 것을 자신의 꿈으로 삼았던 것처럼 박헌직 회장은 자신이 모시는 리더를 성공시키는 것이 자신의 꿈이라 여길 만큼 철저하게 리더를 위해 헌신한다. 그런 사람이 나에게로 와 지금은 나를 성공시키기 위해 온 힘을 기울여주고 있으니 어찌 감사하지 않은 일인가.

그의 모든 행동에서는 참모로서의 프로페셔널이 넘친다. 그는 보이지 않는 리더의 진실까지도 볼 수 있는 사람이다. 사람들은 흔히 사실과 진실을 혼동하는 경우가 많다. 예컨대 업무에 있어 그다지 만족스러운 성과를 내지 못하는 직원에게 "피곤하면 오늘 일찍 들어가서 쉬게. 그리고 내일도 푹 쉬고."라고 말하면 정말 그대로 퇴근해 버리고 다음날 출근하지 않는 직원이 있다. 그들은 사실 뒤에 숨겨진 진실을 읽지 못하는 사람이다. 아니, 애초에 그들은 "업무를 더 효율적으로 하게나."라는 리더의 진실을 읽으려는 의지가 없는 것이라 볼 수 있다. 하지만 박헌직 회장은 나의 말 뒤에 숨어 있는 진실, 행동 하나하나에 숨어 있는 진실을 볼 줄 아는 사람이다. 그는 중요한 모임에서 리더를 잘 보좌하기 위해 리더보다도 긴장을 늦추지 않는 진정한 참모다. 그런 그의 모습이 너무나 감사하고 안쓰러워 잠시 짬이 나는 시간을 이용해 식사라도 하라고 등을 떠밀어도 그는 절대 행사가 끝날 때까지 내 곁을 떠나지 않는다. 만에 하나라도 일어날 변수에 대해 대비해야 한다는 철저한 프로의식에서 나온 행동이다. 이런 인맥이 곁에 있다면 그 기업이 성과를 내고 발전하는 것은 당연한 일이 아닐까.

"지금 나는 혼자인가? 아니면 누군가와 함께하고 있는가?"

새삼스레 내 곁에 있는 사람들의 고마움을 느낄 때면 나는 항상 스스로에게 확인하듯 이 같이 묻는다. 성공의 단초는 언제나 사람이다. 좋은 사람과의 인연을 가슴으로 가꾸고, 상호이익을 통해 함께 나아가야 성공에 이를 수 있다.

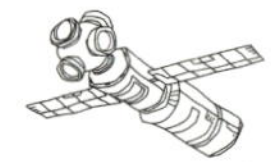

사람은 떠나고,
또 다시 돌아온다

성공을 했을 때는 많은 사람들이 몰려들고, 반면 실패를 했을 때는 그만큼 사람은 떠나게 되어 있다. 어찌 보면 당연하다 싶은 이러한 인맥의 변화에도 남겨진 사람은 상처를 받기 마련이다. 인맥의 달인이라 불리는 나조차도 때론 예상하지 못한 기복을 겪으며 눈물 흘리고 가슴 아파 했으니 말이다. 특히나 스타스페이스 사업을 추진하면서 겪은 뼈저린 경험은 그 상처의 깊이를 이루 말할 수 없을 정도였다. 오죽하면 왜 순자荀子가 성악설性惡說을 주장했는지 이해가 될 정도였으니 말이다.

평소 주위 사람들을 보면 교육을 통해 선善의 길을 걷도록 도와주려는 시도가 쉽게 이루어지지 않는다. 왜냐하면 나와 공감할 수 있는 이상이나 꿈이 없으면 힘들기 때문이다. 일단 나의 이상과 맞으면 자신

144

감을 키워주고 함께 갈 수가 있다. 그런데 이상이 맞지 않으면 그것이 뜻대로 되지 않는다. 부정적인 사람, 소극적인 사람, 자기만의 성을 쌓는 사람, 자기중심적인 사람은 아무리 긍정적으로 바꾸려고 해도 본질은 쉽게 바뀌지 않는다는 게 내 철학이다. 그래서 나의 이상에 맞는 사람을 선택해야 한다.

스타스페이스 사업을 하면서 수많은 사람들을 만났지만 대개 두 부류로 나뉜다. 나의 이상에 동의하고 함께하려는 사람이거나 아니면 눈앞의 이익을 보고 다가오는 사람으로 말이다. 이익을 먼저 보고 온 사람들 중에도 나름대로 나의 이상과 꿈을 이해하려는 사람은 시간이 조금 걸리더라도 그것을 공유하고 신뢰의 관계로 가려고 노력한다. 그러나 처음부터 끝까지 이익만을 추구하는 사람과는 절대 함께하지 않는다는 것이 나의 철칙이다. 그들은 어려움이 닥치면 제일 먼저 나를 배신하고 떠날 사람들이기 때문이다. 나는 오랜 경험으로 그것을 확신한다.

이익을 보고 달려든 사람들은 이익이 나지 않겠다 싶으면 어떻게든 자신부터 살려고 한다. 그들의 안중에는 동료도 없다. 그들은 위기를 극복하겠다는 생각보다 난파선의 쥐처럼 먼저 살 길을 찾겠다고 설쳐대며 내부 역량을 흐트러뜨린다.

인맥은 만드는 것이 아니라 선택하는 것

인연은 하늘이 맺어주지만 그것을 가꾸는 것은 사람의 몫이다. 살아오며 맺은 인연이 곱기만 하다면야 얼마나 좋을까마는 지나온 나의 삶을 통해 그것이 쉽지 않은 일임을 절감한다.

믿었던 사람을 마음으로부터 떠나보내며 그로 인해 겪어야 했던 마음의 상처가 얼마였던지 곱씹지는 않는다. 대신 다짐한다. 한 번 맺은 인맥은 끝까지 지켜내야 한다고 말이다. 그러기 위해서 나는 인맥을 선택하는 데 더욱더 신중을 기한다.

우리나라 사람들은 대개 아무나와 인맥을 맺고, 또 쉽게 인연의 고리를 끊는다. 자신의 영역을 넓혀가듯 문어발식으로 많은 인맥을 만들어가려는 것이다. 하지만 인맥은 만드는 것이 아니라 선택하는 것이다. 그리고 가꾸어가는 것이다.

인맥을 '선택'하기 위해서는 먼저 '확인'과 '확신'의 단계를 거쳐야 한다. 즉 내가 믿을 수 있는 사람인지 확인을 한 후에 '신뢰'의 단계를 거쳐 '확신'으로 갈 때 '선택'하고 거래하라는 것이다. 그런데 대부분의 사람들은 확인을 하지 않고 즉흥적으로 선택을 하고, 또 배신을 당한다. 한 번 배신당한 사이는 쉽게 복원되지 않으니 그걸로 관계는 끝이다. 그래서 나는 인맥을 맺을 때 즉흥적인 선택을 하는 사람과는 절대로 인적인 네트워크를 만들지 않는다. 그것이 나의 철학이다. 확인 없이 인맥을 만든다는 것은 당장의 필요성에 의해 억지로 관계를 형성하겠다는 것과 같은 의미다. 그러나 선택하는 인맥은 눈앞의 상황보다 미래를 보고 차근차근 상대방을 파악하는 과정에서 생기는 것이다. 이런 과정을 거치면 상대의 지위나 외적인 모습에 현혹되지 않고 사람을 볼 줄 아는 안목이 생긴다.

내가 아는 L씨는 대기업 임원으로 근무하다 퇴직하여 광고기획사를 시작했다. 워낙 성품도 좋거니와 실력 또한 유능하다 보니 주위에는 늘 사람이 따랐고, L씨 또한 그것을 자랑스러워했다. 그런데 L씨는 독립을 한 뒤에 어음거래를 잘못하여 두 번이나 부도를 당하는 쓰라린 경험을 맛보게 되었다. 그것도 그가 그토록 자랑하던 인맥들에게 말이다.

어음거래를 하면서 단지 안면이 있다는 이유로 제대로 확인 단계를 거치지 않고 덜컥 믿어버린 것이다. 상대방은 L씨가 대기업에 있을 때는 거래를 유지하기 위해 늘 신뢰를 지켰다. 그러나 L씨가 독립을 하자 대기업과의 거래가 아니라는 이유만으로 별다른 신뢰의 필요성을 느끼지 못했던 것이다. 이것을 몰랐던 L씨는 정상적인 확인 절차도 생략한 채 어음거래를 해버렸다. L씨가 독립한 후에 처음 어음거래 제의가 왔을 때 나를 찾아왔다.

"교수님. 이번에 회사를 차리고 난 뒤에 아주 좋은 기회가 왔는데 말이죠."

"그런데요?"

"그게……, 제가 대기업에서 근무할 때 알던 분인데 상당한 액수를 어음으로 거래하자는군요."

"음……. 지금 L씨께서 어음에 대한 리스크를 감당할 수 있나요? 그렇지 않다면 확실한 자금회수 방안이나 그 지인의 신용 등을 확인하는 게 기본일 텐데 말입니다.”

상당한 액수의 어음거래를 앞두고 나를 찾아와 의견을 묻자 나는 분명히 위험관리에 필요한 사항들을 확인하라고 조언했다. 그러나 L씨는 행여나 거래처를 잃게 될 것을 두려워한 나머지 덜컥 거래를 했다가 낭패를 본 것이다. 결국 그 어음이 문제가 되어 회사는 부도가 나버렸다.

인맥은 이렇듯 상호간의 신뢰가 생명이다. 그러기 위해서는 상대에 대한 확인도 필수겠지만 우선 나 자신부터 확인시켜 주자. 나의 모든 것을 투명하게 보여주고 확인을 하게끔 해주는데도 상대가 자신을 드러내지 않는다면 그는 신뢰할 수 없는 사람이라 판단해도 좋다.

혹자는 이런 과정 자체가 너무 삭막한 인간관계라고 비난할 수 있다. 그러나 “좋은 게 좋은 거야”라는 식의 만남은 술자리에서나 할 말이다. 비즈니스를 할 때는 오히려 처음 인맥을 맺을 때 철두철미한 것이 장기적인 신뢰 관계를 다질 수 있다. 이렇게 맺은 인맥은 쉽게 떠나지 않을뿐더러 부득이하게 떠나가더라도 다시 돌아오게 되어 있다.

확인하고 신뢰한 뒤에야 진짜 확신이 생긴다

스타스페이스는 꿈을 함께하는 비즈니스 인맥들이 이룬 회사이다. 나는 지금껏 많은 우여곡절을 겪으면서도 ‘스타스페이스는 꿈을 이루고자 하는 사람들의 공간이다’라는 마음에는 변함이 없다. 그 결과 지금의 스타스페이스는 꿈을 가진 사람, 꿈을 함께 이루어나갈 사람들이 모여 함께 신뢰를 쌓아가는 공간이 되었다.

어찌 보면 '꿈을 품는다'는 것은 어렵지 않다. 어떤 사람이 되고 싶다거나 무슨 일을 하고 싶다는 마음만 있으면 되니 말이다. 진정 힘든 것은 그것을 실현하겠다는 의지이며, 더군다나 여러 사람들과 함께 그것을 이루고자 할 때 얼마나 신뢰를 잘 지킬 수 있느냐 하는 것이다.

'미르'와 함께 동분서주하는 동안 난 나와 함께 꿈을 실천해 줄 사람을 찾았다. 그래서 사무실에 근무하는 직원들까지도 단순한 월급쟁이가 아닌, 꿈을 함께 실현할 동지이자 인맥을 원했다.

"스타스페이스는 꿈의 공간입니다."

처음 일을 같이 하는 직원에게도 난 꿈을 이야기한다. 그리고 나와 함께해 줄 것을 부탁한다. 생사고락을 함께하는 진정한 인맥이면 더없이 좋겠지만 그것이 아니더라도 적어도 '우리'를 위해 열심히 노력한다는 신뢰는 지켜야 한다는 마음에서다.

흔히 인맥하면 '다다익선多多益善'이라 생각하는 사람들이 많다. 그러나 주위 사람들로부터 한두 번의 배신을 경험한 사람들은 '많다고 다 좋은 것만은 아니다'라는 사실을 누구보다도 잘 안다. 그리고 비록 적은 수일지라도 결집이 잘 되는 인맥들이 더욱 위력을 발휘한다는 것도 잘 안다. 나 역시 서로간의 신뢰와 지지로 뭉쳐진 인맥 관계야말로 최고의 시너지를 발휘할 수 있다는 것을 알기에 스타스페이스의 모든 사람들을 신뢰를 기반으로 선택했다.

‘신뢰’란 상대의 믿음을 저버리지 않기 위해 약속을 지키고 최선을 다하려는 노력의 결과로 만들어지는 것이다. 더불어 “상대로 인해 생기는 리스크까지 감수할 수 있다”는 헌신의 마음까지 있어야지만 진정한 신뢰가 형성되는 것이다.

어느 날 투자·M&A계의 대부, 신철호 회장의 뼈저린 경험담을 들은 적이 있다. 지금은 강남의 빌딩도 몇 채나 가지고 있을 만큼의 부호가 되었지만 그도 크게 망한 경험이 두 번이나 있는 사람이다.

“내가 예전에 부도가 났을 때 사람들이 크게 두 가지로 나뉘더군요. 나에게 돈을 빌렸던 사람들은 내가 빨리 죽기를 바라고, 반대로 나에게 돈을 꿔준 사람들은 어떻게든 나를 살려 한 푼이라도 더 받아가려고 악을 씁디다.”

신 회장은 그런 냉혹한 현실을 겪으면서 좌절하기보다는 오히려 다시 일어설 수 있는 오기를 가졌다고 했다.

믿었던 사람들이 내가 망하고 나니 냉정하게 돌아서며 내가 죽기를 바란다거나, 나에게서 한 푼이라도 더 받아내려고 악을 쓴다면 이는 분명 ‘신뢰’나 ‘확신’의 관계였다고 볼 수 없다. 이들은 인맥 맺기의 첫 단계인 ‘확인’의 단계조차도 거치지 못한 ‘그냥 아는 사람’이거나 혈연, 지연, 학연에 얽혀 맺어진 아날로그 인맥에 불과하다. 이러한 인맥은 열이면 열 자신의 이익을 우선시한다. 내가 실패하는 순간 가장 가깝다고 여겼던 사람이 제일 먼저 나를 떠난다. 그리고 내가 다시 성공을 하면 가장 먼저 떠났던 그들이 가장 먼저 돌아온다.

어쩌면 대부분의 사람들은 새로운 만남에 대한 위험이 두려워서 혈연, 지연, 학연을 끌어들이는지도 모른다. 그나마 그들은 혈연이나 지연, 학연으로라도 얽혀 있으니 안전하지 않을까 하는 생각인데 이것은 잘못된 생각이다. 나의 오랜 경험에 의하면 오히려 전혀 모르는 사람들과의 관계에서 문제가 덜 발생한다. 전혀 모르기 때문에 서로 확인 과정을 거치기 때문이다. 그러나 배신을 하고 낭패를 보는 인간관계는 소위 인맥이라고 착각하는 정맥 관계에서다. 정에 이끌린 인간관계는 나를 망치고 나아가 우리를 망친다. 그러니 확인하고 신뢰한 뒤에 확신이 들면 그때 선택해도 늦지 않다.

매일 만나도 별로 가까워지지 않는 사람이 있는 반면 몇 년에 한 번 봐도 가까운 사람이 있다. '확인'하고 '신뢰'와 '확신'으로 맺어진 디지털 인맥이 바로 후자의 사람을 말한다. 그들은 세월의 길이가 아닌 가슴의 깊이로 만나기 때문에 그렇다. 진정한 신뢰와 확신으로 선택된 디지털 인맥은 하루 24시간 중에서 언제든지 무리한 부탁을 전화로 할 수 있는 관계이다. 그런 인맥은 자신의 인생 2막을 함께할 수 있는 진정한 인맥이라 할 수 있다.

물론 '확인'의 단계를 거쳤지만, 신뢰나 확신으로 이어지지 못하는 관계도 있다. 대부분 역경의 과정에서 나를 외면하고 돌아서는 사람들이다. 그들에게서 받는 상처가 크지만 나는 이 또한 성장통이자 새로운 성장동력으로 겸허히 받아들인다. 이후에 그들은 전혀 모르는 타인으로 돌아서든지 아니면 그저 단순한 사업적 관계로만 가게 된다.

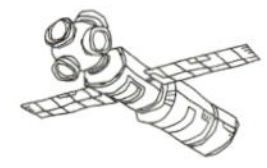

성공한 사람은
비즈니스와 인맥을 구분하지 않는다

'아는 사람'과 '인맥'은 다르다. 아무리 명함철이 꽉 차 있다고 해도 서로에게 도움을 주는 관계, 즉 비전이 공유된^{together} 관계가 아니라면 결코 진정한 인맥이라고 말할 수 없다.

그렇다면 비전이 공유된 관계란 어떤 관계일까? 예컨대 자신의 소중한 인맥이 양복점을 운영한다면 당연히 거기에서만 옷을 구입한다거나, 회식을 할 때도 반드시 인맥이 운영하는 식당을 이용한다면 이것이 바로 인생에서, 현실에서 실제로 성공을 함께 나누어 가지는 '비전이 공유된 관계', 즉 비즈니스 인맥이다.

물론 '꼭 내 가게를 찾아주어야만 인맥'으로 정의한다면 너무 이해타산적인 게 아니냐는 의견도 있을 것이다. 그런데 생각해 보라. 만난 지 10년 넘은 친구가 내가 운영하는 식당에서 식사 한 끼 안 하며, 매주 만나는 운동 모임의 일원이 내가 요청하는 보험 하나 안 들어준다면, 향우회나 친목회에서 명함 하나 내밀지 못하고 노래방에 가서 노래나 부르고 헤어진다면 그것이 과연 진정한 인맥일까? 그 사람들은 단지 '아는 사람'일 뿐 결코 진솔한 인간관계로 발전할 수 없다.

국가와 국가 간의 진정한 우호관계가 상호 국익을 바탕으로 해야 견고해지듯이 기업과 기업, 개인과 개인도 서로에게 성과가 있어야 진정한 인맥이라 할 수 있다. 그러나 안타깝게도 많은 평범한 사람들이 이러한 사실을 간과하고 지낸다. 인맥이 양복점을 하고 식당을 함에도 불구하고 이런저런 이유로 다른 양복점을 이용하기도 하고, 다른 식당에서 모임을 갖는 일도 많다.

성공을 꿈꾼다면 비전을 공유하는 비즈니스 인맥끼리 멤버십 라이프가 생활화되어야 한다. 빌 게이츠에 버금가는 부호이자 세계적인 투자가인 워렌 버핏은 음료수를 마실 땐 꼭 코카콜라만 마신다. 자신이 운영하는 헤더웨이 사가 코카콜라 사의 지분을 보유하고 있기 때문이다. 워렌 버핏 한 사람이 코카콜라 하나를 더 마신다고 해서 코카콜라의 주가에 영향을 미칠 리는 만무하다. 단지 그는 자신을 둘러싼 조직에 대해 결속력을 중시하고 있음을 보여주는 것이다. 그리고 그런 자세로 살아왔기에 세계 제일의 억만장자가 된 것이다.

워렌 버핏뿐만 아니라 대부분의 성공한 사람들은 비즈니스와 인맥을 따로 구분하지 않는다. 비즈니스 인맥들이 모여 나를 성공으로 이끌고, 나 또한 내 비즈니스 인맥의 성공에 기여한다, 라는 사실을 너무나 잘 알기 때문이다.

나는 벌써 10여 년 이상 강남역 D 사우나의 이발사에게 머리를 한다. 그분은 이발을 하는 차원 이상의 비즈니스 인맥이기 때문에 나는 꽤 많은 시간을 소요해 가면서도 매번 그곳에 간다. 그러면 그분은 나한테 끝없이 관심을 보이고 "새로 책 나온 것이 없느냐, 기사 나온 것은 없느냐"며 묻는다. 손님들에게 나를 홍보하고 싶다는 것이 그분의 의중이다. 이것이 바로 서로에게 도움을 주는 비즈니스 인맥이다. 눈에 드러나는 큰 것이 아니더라도 말 한마디, 행동 하나로도 서로에게 기운을 주고 서로의 비전에 동참하는 것이 진정한 멤버십 라이프다. 그래서 성공은 내가 아닌 '남'을 통해서 하는 것이다.

세계에서 결속력이 가장 강한 민족은 유태인이다. 유태인은 아침부터 잠드는 시간, 즉 하루 24시간을 멤버십 라이프로 살고 있다고 해도 과언이 아니다. 머큐롬 하나 사려고 벤쿠버에서 시애틀까지 차를 몰고 간다는 이야기도 들은 적이 있다. 상처 난 데 바르는 머큐롬 하나 사러 자동차로 두세 시간이나 달려간단 말인가! 우리 상식으로는 도무지 이해하기 힘든 일이다. 하지만 그는 단지 머큐롬을 사러 간 것이 아니라 자신의 인맥을 보러 간 것이다. 이렇듯 모든 것을 철저하게 멤버십 라이프로 사는 것; 이것이 오늘날 유태인을 세계 최고의 부자로 바꿔놓은 철학이다.

고마운 관계보다 서로 필요한 사람으로 남아라

돈 110만 원이 절실하던 때가 있었다. 오랜 은행원 생활을 정리하고, 화려한 인생 2막을 위해 출발선에 섰지만 순탄치 않은 날들이 이어지던 시절이었다. 화려했던 과거의 이력은 그저 과거일 뿐이었다. 생각을 가다듬고 돈을 부탁할 만한 곳을 생각하니 많은 이의 얼굴이 스쳐 지나갔다. 그러나 막상 전화기를 들고 보니 누군가에게 부탁을 한다는 것이 결코 쉽지 않음을 깨닫게 되었다.

다행히 차를 얼마 동안 빌려 달라는 곳이 있었고 나는 그 대가로 돈 110만 원을 받을 수 있게 되었다. 돈을 구한 나는 상대에게 감사해했고 차를 빌리게 된 상대 역시 나에게 고마워했다.

내가 상대에게 무언가를 해주고 그 대가를 받을 때는 당당할 수 있다. 그러나 일방적으로 부탁을 하거나 부탁을 들어주는 입장에선 '고마움'보다 '미안함'이 앞선다. 주고받는 관계가 아닌 어느 한쪽이 일방적으로 베푸는 관계는 그만큼 부담이 되고, 그 부담으로 인해 결코 좋은 관계로 이어가지 못한다. 또한 그 고마움이 지속되지 않으면 서운함이나 원망, 심지어는 원한으로까지 이어질 수 있다.

진정한 비즈니스 인맥은 고마운 관계가 아니라 서로에게 필요한 관계가 되어야 한다. 내 연구실에는 후배나 제자들이 자주 드나든다. 나는 그들이 다녀갈 때마다 적은 돈이라도 차비나 선물을 챙겨주려고 노력한다.

"안 그러셔도 됩니다, 선배님. 매번 이렇게 차비를 챙겨주시니 고맙기도 하고 부담스럽기도 합니다.”

“고맙기는. 내가 오히려 고맙지. 자네들이 내 컴퓨터를 고쳐주지 않았나. 하하.”

나는 단순히 그들이 나를 찾아왔다는 이유만으로 돈을 주지는 않는다. 아무 이유 없이 매번 차비를 챙겨준다면 어쩌다 차비를 챙겨주지 않는 날엔 섭섭한 감정이 드는 것이 인간의 마음이다. 그래서 나는 그들에게 컴퓨터를 손봐 달라든지, 책상의 위치를 옮겨 달라든지 나를 위해 해줄 일거리를 하나씩 준다. 그런데 그 친구들은 다시 전문가를 불러 컴퓨터를 고쳐야 할 만큼 엉터리 솜씨다. 그렇게 따로 수리를 해야 함에도 불구하고 그 친구들에게 컴퓨터 수리를 부탁하는 데는 숨은 뜻이 있다. 바로, 서로에게 필요한 비즈니스 인맥만이 진정한 인맥으로 오래갈 수 있다는 것을 가르쳐주기 위해서다.

정으로 맺어진 단순한 인연을 서로에게 필요한 인맥, 즉 비즈니스 인맥으로 전환할 때 진정한 인맥이 된다. 그런데 많은 사람들이 아직도 ‘인맥은 뭐니 뭐니 해도 *끈끈한 정이 우선*’이라는 생각을 버리지 못한다.

모 선풍기 회사의 K사장은 힘들었던 시절 나와 함께 끈끈한 우정을 나누던 친구다. 지금은 일선에서 물러난 그 친구는 한때 사업이 성장하면서 바쁜 업무 탓에 자연스레 나와의 관계가 소원해졌다. 물론 당시 지점장이었던 나 역시 바쁜 업무 때문에 소원해진 둘의 관계를 돌아다볼 여유가 없었다. 그렇지만 마음으로는 그 친구와 나 사이에 ‘끈끈한 정'이 있음을 믿었다.

지점장에서 물러나서 사업에 발을 담그고 처음으로 고비를 겪던 시점에 나는 단 한 명의 사람도 아쉬웠다. 당연히 '끈끈한 정'이 있으리라 믿었던 그 친구에게 먼저 전화를 하게 되었다.

"이런, 정말 딱하게 되었구만. 힘을 내시게. 다들 그렇게 어려운 고비를 넘기며 일어서는 것 아니겠나."

친구의 위로는 당연히 고맙고 감사한 말이었다. 그런데 어찌 된 일인지 마음 한 구석에서 솟아오르는 섭섭한 마음을 떨칠 수가 없었다. 정작 내가 필요로 했던 건 위로의 말 몇 마디가 아닌 실질적인 도움이었던 것이다. 친구에게 고맙다는 말을 전하며 힘없이 전화기를 내려놓았다.

비가 억수같이 쏟아지는 날, 우산 없이 터벅터벅 걷고 있는 사람에겐 "아휴, 어쩌냐. 저러다 비 다 맞겠네."라는 위로의 말 백 마디가 아닌, 우산을 씌워주는 단 한 명의 손길이 필요한 것이다.

누가 나를 도울 수 있는가

성공한 사람은 행동도 생각도 합리적인 사람들이다. 그들은 한 사람을 만나더라도 시간 낭비, 돈 낭비가 되는 헛된 만남은 지양한다. 또한 그들은 어설프게 공과 사를 구분하고 일과 생활을 구분하느라 기회를 놓치는 우를 범하지 않는다. 모든 것이 시너지 효과를 낼 수 있도록 일상의 생활과 비즈니스를 '함께Together'하는 것이다. 그래서 성공한 사람들은 철저하게 비즈니스 인맥으로 똘똘 뭉쳐 점점 더 성공하게 되는 것이다.

몇 년 전 지인을 통해 한 모임을 소개받은 적이 있다. 그 모임의 구성원은 학자, 정치인, 법률가 등의 핵심 리더들로 이루어져 있었다. 나는 이들만큼 철저하게 성공적인 '멤버십 라이프'를 가지고 있는 사람들을 본 적이 없다. 그들은 모든 사업과 취미활동, 교제를 이 멤버십 안에서 함께 해나가고 있었다. 그들은 서로 간의 시너지 효과를 통해 사업을 번창시키고 일상을 풍요롭게 할 뿐 아니라, 우정과 교제까지 나누고 있는 완벽한 비즈니스 인맥이었다.

나 역시 일과 취미를 함께하는 멤버십 인맥 모임이 있다. 표면적으로는 산악자전거 모임이지만 멤버들이 모이면 서로 간에 맞춤 정보를 교환한다. 운동과 여행, 여러 가지 경제 정책과 부동산, 사업, 자신들의 최근 근황 등 다양한 화제를 이야기한다. 사업 구상도 함께 하고 프로젝트에 대한 해결책도 함께 찾는 것이다. 게다가 산악자전거를 타며 운동도 하고, 도심을 벗어나 공기를 쐬니 그런 경제적인 여가가 따로 없다.

요즈음처럼 하루 24시간이 모자라는 시대에는 하나의 행동이 여러 개의 목적과 의도를 이루어야 한다. '사업 따로', '여가 따로', '취미 따로', '공부 따로'인 관계는 시간도 돈도 낭비되기 십상이다. 또한 그렇게 맺어진 관계에서 진정한 인맥을 기대하기란 힘들다.

‘내가 누구를 알고 있는가’보다 중요한 것은 ‘누가 나를 알고 있는가’이다. 여기서 한 걸음 더 나아가 ‘누가 나를 도울 수 있는가’를 생각해 보아야 한다. 성공으로 가는 길은 멀고도 고달프다. 그 길에서 나의 손을 잡고 나를 이끌어줄, 나의 곁에서 힘을 줄 사람이 누구인가를 선택해 그 사람에게 정성을 기울여야 한다. 인생은 그리 길지 않다. 때문에 결정적인 순간에 나에게서 등을 돌릴 사람에게 시간을 낭비하는 것은 어리석은 일이다.

좋은 게 좋은 것
VS 윈윈 관계

우주의 별을 바라보면 외로이 떠 있는 것보다 무리지어 빛을 내는 게 더 보기가 좋다. 사람과의 관계도 마찬가지다. 그동안 비즈니스 인맥을 강조하면서 나 혼자만의 성공이 아니라 함께할 수 있는 성공을 강조한 것처럼 나에겐 사업뿐만 아니라 인간관계 자체도 '윈윈'이어야 한다.

그런데 '윈윈' 관계란 무엇일까? "좋은 게 좋은 것이다."라는 말은 원칙과 목적의 정당성이 상실되는 부정적인 의미가 강하다. 윈윈 관계란, 쉽게 생각한다면 너와 내가 다 성공할 수 있는 관계다. 그러기 위해서는 먼저 내가 아니라 상대방의 욕구를 충족시켜 줄 수 있어야 한다. 만약에 상대방이 원하는 것을 구해줄 수 있다면 내가 원하는 것도 얻을 수 있는 법이다. 따라서 나의 이익을 먼저 따지는 것이 아니

라 상대방이 원하는 것부터 충족시킬 수 있는 능력이라면 그 어떤 것
도 이룰 수 있는 역량을 이미 갖춘 셈이 된다.

초기에 스타스페이스 사업의 뼈대를 잡아갈 무렵이었다. 그동안 테
마파크를 준비하면서 여러 관련 사업을 독립시키고, 또 교수 연구실
과 사업본부를 분리하고자 했다.

"교수님, 사업본부는 말 그대로 사업을 주도적으로 추진하고 매출
을 책임지는 조직인데 따로 운영하기는 무리이지 않을까요?"

"그럴수록 그 일을 담당하는 사람이 CEO 마인드로 일을 해야 하지
않겠어요?"

나에게 질문을 한 사람은, 사업본부는 돈을 가장 많이 버는 분야이
기 때문에 다른 사람이 대신 업무를 통솔하는 게 아니라 내가 직접 챙
겨야 한다는 이야기였다. 그러나 난 생각이 달랐다. 그 이유는 두 가지
다. 첫째, 어차피 이 사업은 나 혼자서 모든 것을 감당하기엔 규모가
갈수록 커질 수밖에 없는 사업이다. 그런데 모든 것을 내가 직접 하겠
다는 것은 과욕일 수밖에 없다. 둘째, 다른 사람이 업무를 대신 하는
것이 아니라 그 사람의 꿈을 펼칠 수 있는 자리를 마련하자는 것이다.
스타스페이스 사업 자체가 일반 회사처럼 고용과 피고용의 관계로만
이루어진 게 아니라 각자의 꿈을 실현하기 위해 모인 곳이다. 그래서
난 과감히 권한위임을 할 수가 있었다. 권한위임이 제대로 되면 성과
는 기대 이상으로 나올 수 있다. 그렇게 얻은 성과는 고스란히 열심히

한 사람의 몫이 되는 것이다. 이게 바로 내가 생각하는 윈윈이다.

함께 일하는 사람들이 주인인 회사

흔히 기업의 리더라는 사람들은 그 기업이 자기 개인의 것이라는 잘못된 착각에 빠져 있다. 그래서 성과의 독식을 일삼고, 이것이 사회의 큰 병폐로 자리 잡기도 한다. 하지만 기업은 주주는 물론이고 그 기업에 몸담고 헌신적으로 일하는 구성원 모두의 것이어야 한다. 스타스페이스는 이런 바람직한 기업을 지향한다.

스타스페이스의 직원들은 단순한 월급쟁이가 아니라 모두가 스타스페이스의 소유주들이다. 지주사인 스타스페이스는 우주문화 사업본부, 홍천파크 사업단 등 각 분야의 사업을 총괄하는 일종의 컨트롤타워 역할을 한다. 애초에 내 꿈을 사업 아이템으로 기획하여 시작했지만 스타스페이스는 절대 나만의 것이 될 수 없다. 함께 일하는 모든 사람들이 주인인 회사다. 회사의 규모가 점점 커지고 사람들이 늘어나도 이 사실은 변하지 않는다. 그리고 스타스페이스에서 일하는 모든 사람들은 막연한 구호로만 '주인의식'을 외치지는 않는다. 그들은 말 그대로 진짜 주인이 되어 회사를 운영한다.

물론 앞으로 회사가 더욱 커져 새로운 분야로 진출하거나 조직의 하부 계열사가 생기면 여타의 회사처럼 고용과 피고용의 관계가 되겠지만 최소한 지금 모인 사람들만큼은 피고용자가 아닌 주인인 것이다.

내가 평소 주장하고 강의하는 인맥관 중에서 '투게더^{Together}'가 있다. 스타스페이스의 구성원도 이러한 '투게더 인맥들'이다. 그래서 혼자면 이룰 수 없었던 것이 그들과 함께하면 현실이 된다. 스타스페이스는 꿈이 모인 곳이고, 또 그 꿈들을 안고 온 멤버십들이 하나하나 회사를 만들어간다. 이게 바로 스타스페이스의 미래다. 이는 비단 스타스페이스를 함께하는 사람들에게만 국한된 것이 아니다. 이 일을 하면서 관련된 모든 사람들과도 이런 윈윈의 관계를 맺어야 한다는 게 나의 지론이다.

스타스페이스의 우주문화테마파크는 많은 인프라를 필요로 한다. 그중에서 당연히 각종 시설이 들어서야 하는 부지를 확보하는 것이 관건이었는데, 나는 국내에서 이 부지를 물색할 때 한 가지 원칙을 세웠다. 처음의 땅주인을 비롯해 지역주민들이 원한다면 그들을 스타스페이스 사업에 참여시킨다는 것이었다.

실제로 내가 땅을 살 때 있었던 일이다. 어느 지방에 사업용 부지를 일부 구입하려고 시세를 알아보는데 원래의 땅주인은 처음 그 땅을 평당 6천 원대에 구입했다고 한다. 그 사이에 세월이 흘러 시세가 올라 내가 살 때는 평당 2만 원대에 매입을 했다. 대략 4~5배 정도 주고 산 셈인데 이후에 부동산가격이 올라 그 땅은 20만~30만 원 정도가 되었다. 결국 난 현 시가의 10퍼센트를 주고 산 셈이 되었다. 이를 옆에서 지켜본 어떤 사람은 이렇게 말했다.

"아이고, 원래 땅주인은 배가 많이 아팠겠네요. 좀 더 기다렸다면 평당 2만 원이 아니라 20만 원에 팔았을 텐데……. 그나저나 교수님이 정말 전문가이십니다."

"그건 아닙니다. 원래 땅주인도 손해를 본 것은 아니죠. 아시다시피 이곳은 아무런 개발계획조차 없었고 도로와도 떨어져 그 가치가 쉽게 오르지 않아요. 오히려 이곳에 우주항공테마파크가 들어선다는 이야기가 나오면서 오른 것이죠."

땅주인은 배가 아플 이유가 없었다. 그냥 놔두면 기껏 얼마 오르지 않았을 그 땅을 스타스페이스 덕분에 4~5배 오른 가격으로 팔 수 있었던 것이니 말이다. 그분들과 나는 서로의 이해관계가 맞았고 서로 윈윈하는 방법을 택한 것이다. 그뿐만 아니다. 내게 땅을 팔았던 그분들도 나의 인맥으로 발전할 수 있다. 처음 계획대로 그곳에서 테마파크를 건설했다면 그분들은 주차관리에서부터 식당, 셔틀버스 운행 등 여러 측면에서 스타스페이스 사업을 함께할 수 있었을 것이다. 땅을 판 것으로 나와의 거래 관계가 끝나는 게 아니라 새로운 비즈니스 관계로 발전할 수 있는 것이다.

강한 사람이 아니라 함께하는 사람이 성공한다

스타스페이스 멤버십에서 '나'는 없다. 다만 '우리'가 있을 뿐이다. 이 것을 깨닫고 난 뒤에야 난 성공의 문을 열 수가 있었다. 혼자서는 도 저히 열 수 없었던 문을 함께 문고리를 잡았기 때문에 가능했다. 그래서 이제는 어떤 문제도 나 혼자서 해결해야 하는 문제는 없다. 우리가 있기 때문이다.

스타스페이스 사업 초기에 어려움을 겪을 때 혼자만의 힘으로는 극복하기가 힘들었다. 그동안 쌓아놓은 인맥, 그리고 부자학 교수나 부동산 전문가라는 지위마저 위태로운 순간에 나를 구원해 준 것은 바로 중국의 꿈을 가진 지도층과의 만남이었다. 이들은 중국의 미래를 위해 그리고 서로의 꿈을 위해 나를 선택했다. 국가나 개인을 초월해 꿈을 이루고자 함께 모였기 때문에 가능했던 일이라고 생각한다.

내가 도움을 바라는 차원에서 윈윈을 운운했더라면 진정성은 떨어졌을 것이다. 나는 진정으로 그들과 내가 함께 성공하기를 바랐다. 2008 베이징 올림픽 이후의 새로운 중국 사회와 산업구도를 그리고 있던 그들에게는 나의 비전과 꿈이 설득력 있게 들렸을 것이다. 나는 도와 달라는 말을 하기보다는 내 꿈을 이야기하고, 함께 이루고 성공하고자 하는 나의 비전을 들려주었다. 그리고 그들도 나에게 많은 것을 물어오지 않았다. 신뢰를 쌓을 수 있는 가장 기본적인 사실 관계만 여러 경로로 조사한 것이 전부였다. 남은 것은 나에 대한 확신이었고, 그래서 그들은 나를 직접 보려고 했던 것이다.

아무런 인연도, 연결고리도 없었던 나를 믿은 이유는 분명 내가 가진 것의 가치를 알아봤기 때문이다. 더 이상 굴뚝 산업으로 고부가가치를 만들 수 없다는 전략적인 판단 아래 나의 미래지향적 사업이 가져다주는 매력을 '선점'하고 싶었던 그들의 욕구를 내가 충족시켜 줬기 때문에 우리는 윈윈의 관계가 될 수 있었다.

　이제는 스타스페이스 사업을 하면서 그 어떤 성과도 내가 홀로 가져가는 것은 없다. 난 가장 상위의 비전을 제시했을 뿐, 세부적인 미션이나 각 단위별 비전은 함께 만들고 제시한다. 이런 과정을 겪으면서 난 사업 초기의 좌절과 절망에서 벗어날 수 있었다. 이는 분명 돈이 아니라 사람, 그리고 꿈이 만들어낸 힘이다.

　스타스페이스와 중국, 일본의 윈윈 관계를 대외적으로 보여주자 이제는 각 분야의 전문가와 비즈니스가 저절로 나에게 찾아오기 시작했다. 하지만 나는 나의 강함을 보여주며 그들에게 어필하려고 하지 않는다. 오히려 함께하는 행동과 함께 나누는 성과로 윈윈의 관계를 들려주며 '강한 사람이 아니라 함께하는 사람이 성공한다'는 것을 보여준다.

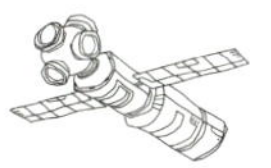

배려는 감동을 낳고
감동은 사람을 남긴다

어떤 사람이든 그를 인맥으로 받아들이기까지는 반드시 신뢰[Trust]가 우선해야 한다. 봄에 씨를 뿌리고 가을에 수확을 하듯이, 그것을 확인할 수 있는 일정한 시간과 절차가 필요하다. 이렇게 확신의 단계까지 간 인맥은 결코 배신하는 일이 없다. 그들은 오히려 어떻게 하면 서로를 더 성공시킬 수 있을지 끊임없이 궁리하고 실제로 그 방법을 제안해 오기도 한다.

홍콩의 한인 상공인 회장이 중국과 나를 연결시켜 주었을 때, 나에게는 스타스페이스 사업을 열어갈 부지가 필요했고, 그들에게는 우주항공사업이 필요했다. 말 그대로 비즈니스상 우리는 서로에게 꼭 필요한 사람들이었다.

나는 일단 만남에 앞서 그들에게 나의 모든 것을 보여주어야 한다고 생각했다. 내가 어떤 사람인지 정보를 제공해야 그들이 나를 선택하든 선택하지 않든 결정할 일이었다. 우선 나의 프로필과 인터뷰 기사, 저서, 그리고 내가 왜 그들에게 필요한 사람인지를 설명하는 편지 등을 준비해 그들에게 보냈다.

그런데 나의 저서를 통해 나의 사상과 철학을 알게 된 당 부서기는 나를 형님으로 불러야겠다는 생각마저 한 모양이었다. 나는 너무나도 감사했다. 멀리 중국 땅에도 나의 철학을 이해해 주는 사람이 있다는 사실에 감사했고, 그들과 좋은 관계로까지 이어갈 수 있음에 더더욱 감사했다.

더군다나 그들은 내가 중국에 방문하기 전부터 필요한 협조와 지원을 아끼지 않았다. 나는 아직 만나보지도 못한 그들에게 무한한 감동을 느꼈다. 하루라도 빨리 그들을 만나 감사의 말을 전하고 좋은 관계로 발전시키고 싶었다.

"저희들에게 세심하게 자료를 보내주신 것에 너무나 감동 받았습니다."

"아닙니다. 감동은 오히려 제가 받았습니다. 배려해 주신 점들에 대해 감격할 뿐입니다."

마주 잡은 그의 두 손에 내 진심이 전해지기를 바라며 나는 감사의 말을 전했다.

2008년 5월, 부서기와 그의 일행들이 한국에 방문했다.

"형님, 약속대로 제 관료용 차를 한국 차로 바꿨습니다. 하하."

부서기는 나를 만나자마자 덥석 내 손을 잡더니 차를 바꾼 얘기부터 했다. 약속을 지키고 신뢰를 쌓는 것을 중요하게 생각하는 중국인다운 행동이었다.

부서기의 업무용 차량은 일본 차였는데, 지난 중국 방문길에 그가 대뜸 약속을 해왔다. "이제 사업은 상관없습니다. 나는 오늘 한국에 형님이 생겼으니 제 차를 한국 차로 바꾸겠습니다." 했던 그 약속을 지킨 것이다. 진정 인맥을 알고 사업을 아는 중국인이었다.

아무런 혈연관계나 학연, 지연도 없는 나에게 그는 너무나 큰 신뢰를 보내온 것이다.

스타스페이스에 들어가는 건물들의 설계를 맡은 한 건축사에 들어가서 사업 관련 프레젠테이션을 끝내고 회식자리를 가질 때였다. 일행 중에 한 분이 슬그머니 자리에서 일어나더니 한쪽 구석으로 가서 바지를 엉덩이 반쯤이나 내리고 있는 것이었다.

"아니, 저 분 왜 저러십니까?"

나는 너무나도 의아한 나머지 옆에 앉은 부서기에게 그 이유를 물었다.

"저 분이 당뇨를 앓고 계십니다. 아무래도 인슐린 주사를 놓으려나 봅니다."

그러고 보니 정말 주사기를 엉덩이에 꽂고 있는 것이 아닌가. 나는 그가 안쓰럽기도 했지만 한편으론 너무나 감사하기도 했다. 몸이 불편한데도 불구하고 끝까지 나를 위해 자리를 지키며 사업 얘기를 하고 있었으니 말이다.

"형님 덕분에 한국에서 좋은 구경하고 있습니다. 하하. 이제 '미르'만 보면 되겠군요."

드디어 올 것이 오고 말았다. 어찌 보면 '미르' 이야기가 나오는 것은 당연한 것이었는데도 나는 은근히 그들이 '미르' 이야기를 꺼내지 않기를 바랐다.

전시회장에서의 '미르'는 예쁘게 꽃단장을 한 여인네들만큼이나 화려하고 멋지다. 그렇지만 보통 때 '미르'의 모습을 보면 멋져 보이기는 커녕 그저 고철덩어리로 보일 수도 있다. 그래서 가끔은 '미르'에게 미안한 마음도 든다. 평소에도 그럴듯한 곳에 폼 나게 두고 싶지만 어디 형편이란 게 그런가. 여자들이 화장하지 않은 맨얼굴을 상대에게 보이기 싫어하는 것이 십분 이해가 되는 순간이었다.

전시 상태가 아닌 창고에 있는 '미르'의 모습에 그들이 실망하게 될까 봐 선뜻 말도 못 꺼내고 있었던 것이다.

"미르가 전시회를 할 때는 정말 멋진데, 지금은 전시 일정도 아니고 해서 창고에 있습니다."

부서기의 표정을 살피며 조심스럽게 말을 꺼냈다.

"형님, 아무 걱정 마십시오. 미르가 얼마나 멋진지는 저희가 더 잘

압니다. 창고에 있으면 어떻습니까. 미르는 그 자체만으로 정말 훌륭한 녀석입니다."

"정말 괜찮으시겠습니까?"

미르 보관 창고로 향하는 내도록 나는 걱정스러운 마음이 사라지질 않았다.

"우와, 정말 대단합니다!"

나의 걱정과는 달리 그들은 미르를 보더니 감탄사를 연발했다. 나는 안도의 한숨을 내쉬었다. 그리고는 점점 더 자신감 있는 목소리로 미르를 안내했다.

"이게 로켓입니다."

나는 사람들을 시켜 로켓이 보관된 관 두껑을 열어 보이며 부서기에게 설명을 시작했다. 그런데 순간 그가 수행원들에게 "덮어라!"고 지시하는 것이 아닌가.

"아니, 왜?"

영문을 모르는 나는 당황한 기색을 드러내며 그에게 물었다.

"형님, 이제 더 이상 형님과 저 사이에 사업은 없습니다. 이제 우리는 진정한 형과 아우가 됐습니다. 형님이 원하시는 모든 것을 저희가 다 이루어 드릴 겁니다."

그리고는 내 손을 꼭 쥐며 "형님은 정말 거인이십니다!"라고 하는 것이 아닌가. 그는 최종적인 '미르'의 확인으로 나에 대한 신뢰가 확신으로 이어졌으며, 그 확신의 순간을 기점으로 나와 중국은 새롭게 비즈니스의 길을 열어간 것이다. 100여만 평 우주테마파크 사업이 본격적으로 중국에서 시작되려는 첫 순간이었다.

나는 행복한 부자를 꿈꾼다

PART 04

"시작과 창조의 모든 행동에 한 가지 분명한 원리가 있다. 그것은 우리가 무엇을 하겠다고
진정으로 결단을 내린 순간 그때부터 하늘이 움직이기 시작한다는 것이다."
- 토머스 에디슨

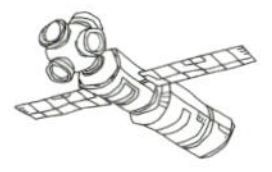

나는 돈 부자가 아니라
꿈 부자

우리는 누구나 부자를 꿈꾼다. 나 역시 내 꿈의 가장 위쪽에는 '부자'가 자리 잡고 있다. "내 꿈은 행복한 부자가 되는 것입니다."라고 말하면 사람들은 열에 아홉은 고개를 끄덕이며 공감을 표한다. 그렇지만 부자라는 단어에 그들은 돌아서며 나를 '돈'만 밝히는 사람이라 손가락질을 할지도 모른다. 하지만 부자라는 것은 단지 돈만 많다고 해서 붙는 명칭이 아니다. 그런데도 사람들이 욕을 하는 것은 부자에 대해 잘못된 생각을 가지고 있기 때문이다. 물론 부자에 대한 이런 편견에는 나름의 이유가 있다. 우리가 흔히 볼 수 있는 부자들이 바로 '내 것 챙기기'에 바쁜 잘못된 모습을 보여주기 때문이다.

진정한 부자는 넘치는 돈이 아닌, 넘치는 꿈을 가진 사람이다. 꿈을 가져야만 목표가 생기고, 그 목표를 이루려 노력하다 보면 돈이나 성공은 자연스레 따라오는 것이다. 꿈을 향해 한 발자국 내딛을 때마다 성과는 저절로 생길 수밖에 없으니 말이다. 과학자를 꿈꾸는 사람은 자신의 꿈을 이루기 위해 끊임없이 공부하고 연구하기를 거듭한다. 적극적이고 능동적인 이러한 노력을 멈추지 않는 한 어느 시점에 그는 분명 자신이 꿈꾸던 과학자가 되어 있을 것이다. 그 결과 부와 명예는 물론 자신의 꿈을 성취했다는 행복감마저 얻게 되는 것이다. 그래서 나는 꿈이 많은 사람, 꿈을 위해 모든 것을 헌신하는 사람이야말로 진정 행복한 부자라는 생각을 한다.

나는 내가 품은 꿈들만으로도 충분히 행복할 수 있다. 조종사, 아나운서, 그리고 행복한 부자란 꿈은 그만큼 넉넉한 삶의 여유를 가져다준다. 그중에서 내가 꿈꾸는 '행복한 부자'의 좀 더 구체적인 모습은 '베푸는 부자'이다. '베푸는 부자'란 내 이웃에게 꿈과 희망을 전하고 나누는 것을 말한다. 물론 여기에는 물질적인 나눔도 당연히 포함된다. 그래서 '베푸는 부자'는 내가 가진 것을 남에게 베풀 줄 아는, 그리하여 내 마음의 재산이 쌓이는 진정한 의미의 부자다. 더군다나 베푸는 부자는 굳이 큰 부자가 아니어도 된다. 내 이웃, 내 동료에 대한 배려나 마음 씀씀이, 경조사에 대한 관심과 헌신적인 자세 등으로부터 '베푸는 부자'의 첫걸음을 뗄 수 있으니 말이다. 물론 더 발전하여 사회적인 기부로까지 이어지는 것이 가장 바람직한 '베푸는 부자'의 모습이다.

최근에는 우리 사회도 기부문화에 대한 관심이 많이 높아졌다. 그러나 여러 선진국들에 비하면 아직도 많이 부족한 수준이다. 특히 기업가들의 개인 명의의 기부는 전무한 편이고 대부분 회사 차원에서 공금으로 기부하는 형태가 많다. 하지만 선진국의 기부문화는 지극히 개인적인 차원에서 자기 돈을 기부하는 형태가 일반적이다.

자기 재산의 85퍼센트인 360억 달러를 기부한 워렌 버핏도 진정한 부자란 베푸는 부자임을 아는 사람이다. 워렌 버핏, 조지 소로스, 빌 게이츠 같은 미국의 거부들은 몇 년 전 부자들의 세금을 감면하는 법안에 반대하는 성명서를 냈다. 엄청난 재산을 가진 부자임에도 불구하고 그들이 반대하는 이유는 하나같이 동일했다. 부자들의 재산을 보호해 주는 이러한 법안은 사회의 빈곤을 대물림시킬 수 있다는 우려 때문이었다. 이는 어떻게 하면 세금을 덜 낼까를 궁리하는 우리나라의 졸부들이 들으면 뒤로 넘어갈 일이 아닐 수 없다.

"만일 백만장자가 재산을 남겨둔 채 세상을 떠난다면, 그의 죽음을 탄식하고 추모해 줄 사람은 아무도 없을 것이다."라던 미국의 '강철왕' 앤드류 카네기도 말년에 자신이 가진 모든 재산을 자선사업에 쏟아 부은 것으로 유명하다. 이런 부자들이 남긴 '노블레스 오블리제'의 전통으로 인해 미국은 기부문화가 상당히 발달해 있다. 특히 부자들뿐 아니라 연봉 2만~3만 달러를 받는 보통사람들의 약 70퍼센트가 자선활동을 하고 있다.

부자는 자신이 일군 재산과 꿈을 사회에 환원할 책임을 가지고 있는 사람이다. 좋은 집, 좋은 차, 좋은 음식을 가지는 것은 굳이 부자가 아니라도 가능한 일이다. 나의 곳간만을 채우기 위해서라면 절대 부자를 꿈꾸어서는 안 된다. 그런 잘못된 부자들이 진정한 부자들을 욕먹이는 것이다. 남들보다 더 많은 돈을 가지는 것은 그 돈으로 의미 있는 일을 더 많이 하기 위해서여야 한다.

'베푸는 부자'가 '행복한 부자'다

꿈을 이뤄가는데도 나름의 지름길이 있다. 바로 가장 바람직한 멘토를 가까이 두고, 그를 흉내 내고 그에게 유형무형의 조언을 얻는 것이다. 그러다 보면 자연스레 내 모습 또한 그를 닮아간다.

지나가는 길에 잠시 들러 하룻밤을 묵게 해달라고 부탁하는 나그네를 마다하지 않았던 할아버지의 모습은 나에게 제일 먼저 진정한 부자의 모습을 일깨워주었다.

"감사합니다, 어르신. 따뜻한 잠자리에 아침밥까지 주시고. 인연이 되면 또 찾아뵙겠습니다."

"허허, 고맙기는……. 간밤에 서로 말동무도 되고 내가 고맙지. 조심해서 가시게."

문밖까지 배웅하며 노잣돈을 쥐어주는 할아버지에게 사람들은 감사의 인사를 잊지 않는다. 어린 시절 사랑채 툇마루에 걸터앉아 그 모습을 지켜보는 것은 언제나 나의 일상이었다.

나는 충남 예산의 시골 마을에서 태어났다. 내가 태어난 할아버지 집에는 안채의 두 배 크기나 되는 사랑채가 있었다. 할아버지는 누구라도 내 집을 찾아오는 손님에게 따뜻한 음식과 잠자리를 챙겨주기 위해 사랑채를 넉넉하게 지으셨고 점차 그것을 더 크게 넓히셨다.

"할아버지, 사람들이 왜 자꾸 할아버지한테 고맙다고 해요?"

"허허, 그러게 말이다."

할아버지는 사람 사는 일이 다 그런 것이라고 했다. 남들보다 더 큰 집에 사는 사람은 당연히 다른 사람들에게 베풀어야 하고, 나보다 더 큰 방, 더 좋은 이부자리를 남에게 배려해야 한다고 말이다.

할아버지는 이웃은 물론 집에서 일을 돌봐주는 사람들에게도 그러한 배려를 아끼지 않으셨다. 그들이 몇 년간 할아버지 집에서 기거하며 돈을 모으면 할아버지는 반드시 새집을 지어 그 사람들을 분가시켜 주었다. 그래서 마을에서는 "이부자 댁 머슴 몇 년만 살면 집이 한 채"라는 소문이 퍼져 이웃 마을에서도 머슴을 살겠다고 찾아오는 일도 있었다. 어찌 보면 '일하는 사람 모두가 주인인 스타스페이스'의 철학은 할아버지의 베푸는 철학에서 비롯된 것이라 할 수 있다.

중학생이 되어 할아버지 집을 떠나오기 전까지 나는 "남보다 더 큰 집에 사는 사람들은 반드시 다른 사람에게 베풀어야 한다."는 할아버지의 말씀을 믿었다. 그런데 중학교 2학년이 됐을 무렵에 우연한 기회로 서울 나들이를 할 때였다. 친척 아저씨를 따라 서울 구경을 하는데, 아저씨가 밥을 먹고도 돈을 내고, 잠을 자고도 돈을 지불하는 것이었다. 그 모습이 하도 의아해 "아니, 왜 돈을 내는 거예요?"라고 물었더니 아저씨는 허허 웃으며 세상에 공짜는 없다며, 남의 밥을 먹으면 당연히 돈을 내고 남의 집에서 잠을 자면 당연히 돈을 내야 하는 것이라 했다. 친척 아저씨의 설명을 듣고서야 나는 할아버지가 말씀하신 "사람 사는 일이 다 그런 것"이 사실이 아님을 알았다. 세상은 밥을 먹고도 돈을 지불해야 하며 방을 빌려 잠을 자고도 돈을 지불해야 하는 곳이었다. 그 어떤 것도 공짜로 주지 않는 것이 세상이었던 것이다. 그럼에도 할아버지는 많은 사람들에게 그것을 공짜로 베풀어주신 것이다.

다섯 형제 중 셋째로 태어나신 할아버지는 증조할아버지로부터 숟가락 하나 물려받지 못한 상황에서 두 동생을 건사하고 집안을 일으키셨다. 손도 불편하고 귀도 잘 안 들리는 분이셨지만 당신의 어려웠던 시절을 생각하고 항상 다른 사람을 배려하며 베푸는 것을 잊지 않으셨다. 철이 든 후 할아버지의 '베푸는 삶'을 다시 생각해 보니 단순히 돈 많은 사람의 여유로만 생각되지는 않았다. 그것은 진정한 의미의 배려이며 사랑이며 베풂이었다. 땅거미가 지고 어둑해지는 시간에 하룻밤 묵을 데가 없는 사람에게 가장 절실한 것은 따뜻한 잠자리와 음식이었을 테고, 할아버지는 그들에게 꼭 필요한 것을 내주신 것이다.

돌이켜 생각해 보면 할아버지께서 평생을 일군 재산을 움켜쥐고 곳간의 문을 닫기보다는 모두 퍼주고 베풀었기에 할아버지의 얼굴이 그토록 행복할 수가 있었던 것이다. 편안한 잠자리에 행복해하던 길손의 얼굴, 일자리와 임금, 더불어 집 한 채까지 얻은 이웃의 행복한 얼굴에서 할아버지는 진정한 행복이 무엇인지 이미 깨달으신 것이다. 나는 마음 깊은 곳으로부터 그런 할아버지를 존경했고 할아버지와 같은 삶을 살 것을 다짐했다.

어른이 된 후, 나는 할아버지처럼 베푸는 삶을 사는 부자들의 세상을 알게 되었다. 가까이는 혈액암센터나 시각 장애인을 후원하는 나의 지인들로부터, 멀리는 베푸는 삶을 제도화해낸 록펠러까지. 그들은 '베푸는 부자'이기에 '존경 받는 부자'이기도 하다. 그들의 '베풂'이 '존경'이라는 사회적 에너지로 환원되어 되돌아오는 것이다.

나의 남은 목표 중 하나는 한국의 록펠러재단을 만드는 일이다. "내가 죽거든 관에 구멍을 뚫어 내 손바닥을 볼 수 있게 하라."고 했던 알렉산더 대왕의 말처럼 부를 움켜쥔 채 무덤에 묻히는 사람은 아무도 없다. 결국엔 모두 빈손으로 돌아가야 하는 것이다.

부와 성공은 그것을 이루었을 때 완결되는 게 아니다. 그것을 자신이 움켜쥐고 있는 한 그것은 영원히 미완의 부이고 미완의 성공일 수밖에 없다. 그러나 그것을 사회에 올바른 방식으로 돌려준다면 보다 큰 부와 성공을 이루는 것이고, 궁극적으로 그것이 바로 부와 성공의 완결인 셈이다. 그래서 나는 단지 돈 많은 부자가 되는 것보다 꿈 많은 부자란 소리를 듣고 싶다. 재산이 많아서 나누는 것이 아니라 꿈이 많아서 그 꿈을 나누는 것이고, 또 많은 사람들의 꿈을 이루는 데 도움을 줄 수 있는 부자가 되고 싶다는 말이다.

'인색한 부자'는 사람을 잃는다

돈을 버는 목적이 '돈'인 사람은 결코 행복한 부자가 될 수 없다. 돈은 가치 있는 일을 하기 위한 수단일 뿐이지 결코 그것이 목적이 되어서는 안 된다. 돈을 버는 것이 목적인 사람들은 말 그대로 '수단과 방법'을 가리지 않게 된다. 그래서 남을 둘러볼 마음의 여유도 없을뿐더러 심하게는 남에게 피해를 주기도 한다.

사람들은 돈을 벌고 부자가 되기 위해서는 우선 작은 것부터 아낄 줄 알아야 한다고 말한다. 그러나 검소한 것과 주변 사람에 대한 마음 씀씀이가 인색한 것은 분명히 구별해야 한다.

언젠가 '직장생활 몇 년 만에 몇 억 모으기'라는 컨셉의 책을 읽은 적이 있다. 책에서 말하는 돈 모으기 방법들을 보며 쓴웃음이 나왔다. 물론 근검절약으로 알뜰하게 부를 축적하는 것이 미덕임은 두말할 나위 없다. 그러나 그것이 지나친 나머지 타인에게 피해를 줄 정도라면 곤란하다. 점심값을 안 내기 위해 신발 끈을 묶는 척한다거나, 술값을 안 내기 위해 잠든 척한다거나, 온갖 핑계로 경조사를 빠진다거나 하는 것은 결국 내 주머니를 아끼기 위해 남의 주머니를 터는 일이다.

검소한 것과 인색한 것은 분명히 다르다. 직장인들이 가장 싫어하는 상사 유형 중 하나가 '자기 돈으로 밥 한 번 사지 않는 사람'이라고 한다. 상사가 부하직원에게 사는 밥 한 끼는 '밥' 그 이상의 의미다. 그들에게는 잘 하고 있다는 칭찬의 의미이기도 하고, 앞으로 더 잘 하라는 격려의 의미이기도 하다. 그래서 이런 밥 한 끼의 베풂은 화합과 존경이라는 에너지를 만들어내 조직과 나를 더욱 발전시켜 준다.

사실 우리 주변에 이런 인색한 사람들은 심심찮게 많다. 그런데 이런 사람일수록 남의 돈을 함부로 여기는 경향이 강하다. 자기 돈은 아까워서 지갑 밖으로 도통 꺼낼 생각을 안 하면서 회사 돈은 아까운 줄도 모르고 선심 쓰듯 써댄다. 설령 이런 이기적인 방법으로 돈을 모은다손 치더라도 그들은 분명 돈 이상의 것을 잃게 된다. 그것은 바로 사람이다. 그들은 존경과 신뢰는 물론이고 사람들의 관심으로부터 멀어질 것이다.

결국엔 인색한 사람은 돈을 얻기 위해 사람, 즉 인맥을 잃는 치명적인 오류를 범한다. 돈을 벌고 사람을 잃느니 차라리 사람을 얻고 돈을 잃는 편이 낫지 않은가. 돈이야 안 쓰면 그만이지만 사람은 언제 내게 소중한 도움과 교훈, 그리고 정보를 줄지 아무도 모르는 일이다.

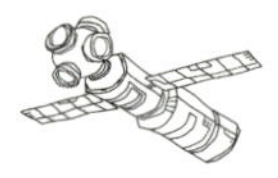

절제할 줄 알아야
얻을 수 있다

나의 하루는 '이른 아침'으로부터 시작하는데 흔히 말하는 새벽이다. 아침, 점심, 저녁으로 끝나버리는 하루에 비해 이른 아침을 사는 사람들은 훨씬 더 알차고 만족스런 하루를 보낼 수 있다.

전날 잠자리에 드는 시각과 상관없이 나는 새벽 5시면 자리를 털고 일어난다. 건강을 위해 운동을 하고, 정보를 놓치지 않기 위해 신문을 보고, 완벽한 하루를 위해 스케줄을 체크한다. 그리고 6시 즈음 아이들을 깨워 함께 식사를 한다. 자상한 아버지가 되는 시간이다.

"아빠, 좀 더 주무시지, 왜 매일 이렇게 일찍 일어나세요?"

어느 날인가 둘째 녀석이 수저를 들다 말고 졸린 눈을 비비며 내게 물었다.

"잠을 좀 더 자고 싶다는 것, 음식을 좀 더 먹고 싶다는 것들은 다

부질없는 욕심이란다. 그런 것들을 절제함으로써 얻어지는 것들이 얼마나 많으냐."

나는 아이들에게 잠이나 음식, 물질 등은 기본적인 욕구를 충족시키는 것에서 멈출 줄 알아야 한다고 설명했다. 바쁜 스케줄에도 불구하고 잠을 줄임으로써 여유롭게 운동을 하고 아이들과 아침식사를 하는 것들이 가능해지는 것이다.

절제란 정도에 넘지 않도록 알맞게 조절한다는 의미를 갖고 있다. 지나친 욕구를 이성적으로 제어할 수 있을 때 비로소 우리의 모든 기관은 성공이라는 한 방향으로 나아갈 수 있다.

"회장님, 정말 중국 사람들은 회장님이 원하는 건 뭐든 다 들어줄 모양입니다."

첫 중국 방문에서 예상치도 못한 환대에 이어 그들이 내놓은 사업적 제안은 내 예상을 훨씬 뛰어넘는 것들이었다. 중국인들의 계속되는 사업 제안에 함께 온 일행 역시 놀란 모양이었다.

"이거, 정말 돈 되는 사업들만 들고 왔습니다!"

"그러게 말입니다. 회장님, 이 사업은 꼭 제가 할 수 있도록 손써 주십시오."

사업 제안서를 넘기며 이것도 자기가 하게 해 달라 저것도 자기가 하게 해 달라며 욕심을 부리는 일행을 타일렀다. 언제나 과욕은 화를 부르는 법이다. 특히 사업은 욕심을 부리기 이전에 자신의 능력이 따라주는가를 먼저 점검하고 신중하게 선택해야 한다.

"이것저것 다 욕심 내지 말고 필요한 것 딱 두 가지만 선택하세요!"

나는 돈보다 관계가 우선인 사람이어서 그들의 절제할 줄 모르는 욕심을 채워주느라 돈만 밝히는 '형님'이 될 수는 없었다.

욕망과 욕심은 다르다. 욕망은 본능에 가까운 것으로 간절함이 그 근원이고 욕심은 말 그대로 이것저것 분수에 넘치게 탐내고 집착하는 것이 그 근원이다. 그래서 욕망은 생산적인 감정이지만 욕심은 파괴적인 감정이다. 때문에 꿈과 성공을 향해 나아갈 때도 이러한 욕망과 욕심을 잘 조절하고 절제할 줄 알아야 한다.

내실에 충실해야 진정한 부자다

가끔 주변에서 "어? 저 사람이 부자였어?" 하고 놀라는 경우가 있다. 자동차도 없고 집도 평범하게 보이는데 몇 채의 빌딩을 갖고 있는 사람을 만나곤 한다. 철저하게 수입보다 지출을 적게 하는 습관이 몸에 밴 사람들임에 틀림없다.

지인 중에 캐나다 밴쿠버에서 부동산 중개업을 하는 분이 있다. 한국에서 교사 생활을 하다가 남편이 캐나다 근무를 하게 되어 함께 갔다가 그곳에서 영주권까지 얻어 살고 있는 분이다. 공인중개사 자격증을 취득하여 열심히 일한 덕분에 넓은 저택과 고급 세단을 타고 다닐 만큼 재산을 모았다. 그런 그가 다소 의아한 이야기를 했던 적이 있다.

"제가 부동산 중개업을 하다 보니 캐나다 부자들을 자주 만나거든요. 근데 놀랍게도 캐나다의 백만장자들 중엔 캐나다 국민차를 타는 사람이 적지 않더라고요."

선진국의 부자이기 때문에 무조건 그들을 칭송하고자 하는 게 아니라 분명 눈에 띄는 차이점이 보였다. 그들은 성공할수록 큰 차, 좋은 차를 타는 우리나라와 정반대였다. 캐나다 부자들은 평소에는 서민 속에 함께 숨어 있어서 누가 부자인지 모른다고 한다. 그들은 정상을 향해 가는 단계에서는 좋은 차를 타지만, 막상 정상에 오르면 국민차로 바꿔 탄다는 것이다. 그 곳에서 성공한 한국인 부자들 역시 마찬가지다. 그 분도 자신이 목표한 만큼 성공하게 되면 세단을 팔고 국민차로 바꿀 계획이라 했다.

외양을 갖추고 나면 다시 본질인 내실에 충실한 사람들, 그들이 바로 진정한 부자이다. 돈만 탐하는 사람은 절제보다 과시를 즐길 수밖에 없다. 하지만 진정 자신의 목표와 이상, 꿈을 향해 나아가는 사람은 많이 가지면 가질수록 더 절제를 하는 법이다. 외적인 과시가 아니라 자신의 꿈을 좇아가는 것은 어찌 보면 신성한 자기 구도의 길이기도 해서 절제해야지만 꿈을 계속 이뤄나갈 수 있다.

스타스페이스 사업본부를 따로 독립시키며 사무실의 가구와 집기를 준비할 때의 일이다. 담당직원이 내민 사무 가구의 가격에 입이 떡 벌어졌다.

“아니, 무슨 의자 하나에 20만 원이 넘는단 말인가?”

“교수님, 요즘 웬만한 사무용 의자들은 다 그렇게 합니다.”

나는 의자의 가격보다 직원의 말이 더 어이가 없었다. 2만 원도 안 되는 내 연구실의 의자들은 다 뭐란 말인가.

내 연구실에 와본 사람들은 대부분 실망하는 표정을 지어 보이곤 했다. 수천 억대 사업을 하는 사람이 온통 낡은 집기들뿐이니 말이다. 그도 그럴 것이 연구실에 있는 대부분의 가구들은 10년이 넘어가는 것들이 많다. 아무리 오래되고 낡았다지만 다리가 부러지지 않는 이상 의자는 의자인 것이다.

그렇다고 해서 내가 ‘무조건 아끼자’ 주의인 것은 아니다. 나는 꼭 필요한 곳, 즉 투자에는 결코 인색하지 않다. 사업본부만 하더라도 내 연구실과는 그 업무 자체가 다른 곳이다. 그 곳은 사업을 펼쳐가는 본부인 만큼 사람들과 사업 이야기를 하고 계약을 체결해야 할 장소이다. 사무실의 외양을 갖추는 것은 사업 파트너에 대한 기본 예의를 갖추는 것만큼이나 중요한 일이다.

“이참에 교수님 연구실의 가구도 좀 바꾸시지요.”

“이 사람, 정신이 있나, 없나? 사업본부야 돈을 벌어들이는 곳이니 투자를 해도 아깝지 않지만 연구실은 나 혼자 구상을 하고 연구를 하는 곳인데 고급 가구가 왜 필요한가?”

한번은 평소 알고 지내던 K대 총장의 부인이 연구실에 방문한 적이 있다. 그는 내 연구실을 둘러보더니 "아주 멋진 연구실이네요!"라며 감탄을 했다.

나는 그의 반응에 의아해했다. 보통은 실망스런 표정을 짓거나 "왜 이렇게 가구들이 초라하냐."고 아예 노골적으로 물어오기도 한다. 그런데 그는 오히려 낡은 가구들이 멋지다고 말하는 것이 아닌가.

"역시 화려한 가구 하나 없이 검소하시군요. 권위나 외양보다는 내실이 우선이죠. 내실도 있으신 분이 외양 또한 검소하시니 정말 감동받았습니다."

그는 나의 검소함을 멋지다고 칭찬한 것이었다. 이후 나는 그분 덕분에 또 다른 여러 명의 인맥을 얻을 수가 있었다.

이처럼 돈을 쓰는 것에서부터 절제는 단지 아낀다는 것이 아니라 내실을 기하는 것에 충실하라는 뜻이다. 써야 할 곳과 아껴야 할 곳을 잘 가릴 줄 아는 것이 절제다. 무조건 아끼면서 다른 사람에게 피해를 줄 바에는 쓰는 것이 더 낫다. 그러나 나의 겉치레, 허영심을 충족시키기 위해서 쓰는 돈은 분명 낭비다.

멀고도 험하다는 성공의 길에서 가장 걸림돌이 되는 것은 외부환경이 아니라 바로 나의 내부에 있는 '욕심'이다. 절제가 필요한 곳에 '조금만 더'라는 욕심을 낼 때 그것이 바로 나의 시간을, 나의 돈을 갉아먹는 것이다.

성공하는 습관은 따로 있다

성공을 이루고 부자가 되기 위해서는 습관과 행동부터 바로잡아야 한다. 절제가 몸에 배어 있는 사람만이 돈을 모으고 시간을 모아 성공에 투자할 수 있다. 그래서 큰 부자들은 돈을 버는 것 못지않게 돈을 쓰는 것에도 관심이 많다. 그들은 돈을 버는 것이 얼마나 힘든 것인가를 몸소 체험한 사람이기에 돈을 쓰는 것에 까다로울 수밖에 없는 것이다.

강북에 있는 모 회사의 신입여사원 교육을 하러 갔을 때의 일이다. 교육 전 미리 교육장을 둘러보는데, 회사 측에서 각 좌석마다 볼펜이나 메모지 등 필기도구를 배치해 둔 것이 눈에 들어왔다. 그런데 그것들은 한눈에 보기에도 아주 고급스러워 보였다.

교육이 끝나고 사람들이 교육장을 빠져나가는데 대부분의 좌석에 그것들이 그대로 남아 있는 것이 아닌가. 나는 속으로 그것들이 너무나 아깝다는 생각이 들었고 가져가면 어떻게든 쓰일 곳이 있을 텐데 왜 그것들을 두고 가는지 이해할 수가 없었다.

"왜 저걸 가져가지 않습니까?"

교육장을 빠져나가는 한 여사원을 붙잡고 물었다. 그랬더니 그녀는 "메모지와 볼펜은 집에도 많잖아요. 가져가봤자 쓰레기인데 그걸 왜 가져가요?"라고 오히려 이상하다는 듯 나를 쳐다보았다.

물론 모든 참석자가 그녀와 같은 이유로 볼펜과 메모지를 두고 간 것은 아닐 것이다. 그러나 한 가지 분명한 건 큰 부자들은 낡은 볼펜 한 자루도 내 것은 반드시 챙긴다는 것이다. 그것이 부자들의 습관이다.

역삼동에서 특강을 할 때의 일이다. 예금액이 20억이 넘는 사람들만 참석할 수 있는 특강이라 말 그대로 큰 부자들만 참석하는 자리였다. 역시 그곳에서도 강의 전에 미리 각 좌석마다 필기도구가 준비되어 있었다. 그런데 특강이 끝나고 나니 볼펜이나 메모지가 하나도 남아 있지 않고 참석자들이 다 가지고 가는 것이 아닌가.

나는 볼펜을 챙겨 넣고 있는 한 분께 다가가서는 "아니, 사모님, 볼펜 900원짜리 이거 가져다 뭐 하실려고요?" 하고 물었다.

"아니, 교수님. 그런 정신으로 강의를 하십니까? 나는 메모지 한 장도 잘라서 씁니다. 티슈 한 장도 반으로 나눠 씁니다. 이런 곳에 있는 볼펜 한 자루, 종이 한 장이라도 다 유용하게 쓰일 곳이 있는데 왜 두고 갑니까?"라며 그분은 외려 나를 나무랐다. 정색을 하며 나무라는 그분에게 멋쩍게 웃을 수밖에 없었지만 내심 나의 생각이 그들과 다르지 않다는 것을 확인한 것이라서 오히려 기분 좋게 강연장을 나설 수가 있었다.

이처럼 성공을 하고 부자가 되는 습관은 따로 있다. 세계 최고의 부호 워렌 버핏이 주주총회를 할 때 한 어린이가 어떻게 해야 부자가 될 수 있냐고 물었다. 그의 답은 다름 아닌 "빚지지 마라"였다. 이것이 바로 부자들이 지키는 철칙 중 하나이다. 진정한 부자들은 작은 것 하나라도 아낄 수 있는 것은 아끼고, 쓸 만한 것은 절대 버리지 않는다. 그리고 번 것보다 덜 쓰는 것이 부자들의 철칙이다. 어떤 경우에도 자기 소득 범위 내에서 쓰고 저축할 것은 남겨놓는다.

또한 부자들의 소비는 나를 위한 소비가 아닌 남을 위한 소비다. 중국의 원자바오 총리도 절약정신이 뛰어나기로 유명하다. 그는 구두 하나도 몇 번을 꿰매어 신는 것으로 유명하다. 그가 식사를 하러 가는 시간에 여비서가 구두를 가지고 가서 꿰매어 온다고 한다. 그가 돈이 없어 그러겠는가. 그들은 돈이란 모름지기 정말 써야 할 곳에 써야 한다는 것을 알기 때문이다. 그것이 바로 베풂이고 나눔이다. 이처럼 진정한 부자, 상류들은 평소 근검절약이 몸에 배어 있다. 졸부들이나 그들의 열등감을 감추기 위해 사치스런 몸치장으로 돈 자랑을 해대는 것이다.

절제는 비단 경제적인 근검절약만을 강조하는 것이 아니다. 돈에 관해 절제를 할 줄 아는 사람은 자신의 행동마저도 절제할 줄 안다. 그래서 진정한 부자들은 자신을 과시하기 위한 것에는 절제를, 나누고 베푸는 것에는 오히려 과감한 모습을 보인다. 그리고 그 베풂에는 단순히 많은 돈을 나누어주는 것이 아니라 자신의 꿈과 열정 또한 함께 전해준다. 이것이 바로 꿈 많은 부자들의 성공하는 습관이다.

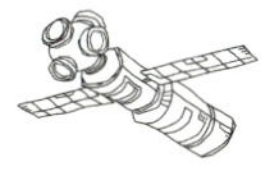

좋은 기운을 가진 사람과
어울려라

"자신보다 현명한 자를 주변에 모으던 자, 여기에 잠들다."

미국의 철강왕 앤드류 카네기의 묘비에 새겨져 있는 문구로, 어느 누구도 혼자서 성공을 이루어낸 사람은 없음을 뜻한다.

성공이나 꿈은 나 혼자가 아닌 다른 사람과 함께 일궈나가는 것이다. 나의 꿈과 나의 성공은 독불장군 식으로는 절대 이룰 수 없다. 오히려 다른 사람들이 나의 꿈과 성공을 이루어주는 경우가 더욱 많다. 그런데 많은 사람을 안다고 해서 그들 모두가 나를 성공으로 이끌어주지는 않는다. 나를 성공으로 이끌어주는 좋은 기운을 가진 사람은 따로 있기 때문이다.

S그룹 회장은 사업 초창기, 사람을 뽑을 때 유명한 관상가를 모셔와 관상을 보았다고 한다. 개인이 지니고 있는 학력, 능력, 경력, 자격증

등도 중요하지만 그보다 더 중요한 것은 회사와 함께 시너지를 낼 수 있는가, 라고 생각했기 때문이다.

혼자만 사는 게 아니라 여럿이 더불어 사는 게 우리 사회이기 때문에 누구나 주위의 영향을 받을 수밖에 없다. 마치 감기에 걸린 사람과 함께 오랫동안 같이 있으면 감기가 옮는 것처럼 생각이나 감정도 마찬가지다. 부정적인 사람과 함께 있으면 자신도 모르게 부정적인 생각이 들고, 밝고 긍정적인 사람의 옆에 있으면 덩달아 밝고 긍정적으로 바뀌는 법이다.

기운도 이와 비슷하다. 성공의 기운, 긍정의 기운을 가진 사람을 가까이에 두면 그 사람의 좋은 기운이 나에게 전해져 나를 성공으로 이끌어준다. 그래서 가까이에 이러한 좋은 기운을 가진 사람들이 많으면 많을수록 좋다. 그들은 서로에게 자신의 좋은 기운을 모아주고 성공을 기원해 주기 때문이다.

자가용비행기 개념의 전용기 사업을 처음 검토할 때였다. 전용기의 사업 가치를 확인하기 위해 우선적으로 시험운행을 계획했는데, 이 순간을 주변의 지인들과 함께하려고 몇몇 분을 초대해서 함께 탑승을 하기로 했다. 그런데 탑승자 명단을 들여다보며 나는 잠시 망설였다. 명단에 적힌 탑승자 한 명 때문이었다. 그는 평소 "이거 걱정이야, 걱정", "어이쿠, 큰일났네", "그게 잘 될까요?"와 같이 늘 부정적인 말을 하는 사람이었다. 그런데 스타스페이스 사업과 관련된 일을 하는 사람이라 초대하지 않을 수 없었다.

'설마, 그 좋은 자리에까지 와서 그러기야 하려고.' 나는 애써 걱정을 떨쳐버리고 긍정적으로 생각하기로 했다.

지인들은 전용기로 발을 들여놓으며 시험비행을 축하하는 인사를 건네왔고, 우리는 서로 그간의 안부를 물으며 기분 좋게 자리에 앉았다. 모두 자리에 앉은 후 이륙의 순간이 다가오자 그가 옆구리에 끼고 있던 책을 펼쳐 들었다.

"비행하면서 심심할까 봐 읽을 책을 준비해 왔습니다."

순간 나는 입이 떡 벌어졌다. 모두들 전용기 사업에 대한 나의 관심을 알고 있었기에 성공의 기운을 불어넣어 주고 있는 그 상황이 그에게는 '심심한 것'이었다.

비행기가 이륙하고 얼마 지나지 않아 급기야 그는 꾸벅꾸벅 졸기 시작했다. 그래서 모두들 승리의 V자를 그리며 찍은 기념사진 속에서 지금도 그는 고개를 숙인 채 졸고 있다.

세상에는 세 종류의 친구가 있다고 한다. 첫째, 공기와 같은 친구로 없어서는 안 되는 친구이고, 둘째, 약과 같은 친구로 이따금 필요한 친구이다. 셋째, 병과 같은 친구로 피하지 않으면 안 되는 친구이다. 어떤 친구와 동행할 것인가를 선택하는 것은 온전히 내 몫이다. 주위를 둘러보면 이 세 가지 유형의 친구들이 금방 구분이 될 것이다. 그 중에서 긍정적인 사람, 도전적인 사람, 실천하는 사람이 있다면 반드시 그 사람을 내 가까이에 두고 동행해야 한다. 그리고 그 사람의 좋은 기운을 받아 더불어 성공해 나가야 한다. 반면, 멀리하고 피해야 할 사람은 매사에 부정적인 사람이다. 그런 사람을 가까이 두면 분명 나의 좋은 기운마저 변질되고 만다. 본인은 아무 생각 없이 내뱉은 부정적인 말이나 행동이 강한 전염성으로 인하여 주변에 있는 사람들까지 부정적으로 변하게 하고 행운도 멀어지게 한다. 그들은 한마디로 '부정 바이러스'와 같다.

'부티'란 긍정의 기운

긍정의 기운, 즉 성공할 수 있는 됨됨이를 나는 '부티'라고 한다. 부자가 되고 성공을 하기 위해서는 꿈 많은 부자들의 '부티'를 흉내 내고 내 것으로 만들어야 한다.

'부티가 줄줄 흐른다'는 표현에서 알 수 있듯 '부티'는 밖으로 드러나는 기운이다. 그렇다면 밍크코트에 외제차를 타고, 값비싼 명품을 휘감으면 그야말로 부티가 줄줄 흐르는 것인가? 만약 이렇게 화려한 겉모습만으로 부티를 판단한다면 큰 부자는 되기 어려운 사람이다. 미래의 대부호도 지금은 초라한 행색 속에 자신을 숨기고 있을지 모른다. 또 지금은 외제차를 타고 잘 나가지만 가까운 미래에 파산의 구렁텅이에 빠질 사람도 있다. 그런데도 누가 진정한 부자인지 함부로 판단할 수 있는가.

진정한 부자, 큰 부자는 역경 속에서도 긍정을 잃지 않는 사람이다. 소위 말하는 큰 그릇인 셈이다. 성공하느냐 실패하느냐는 바로 인생의 내리막길에서 결정된다고 해도 과언이 아니다. 잘 나갈 때 자신감을 갖는 일은 누구나 할 수 있다. 오히려 역경 속에서도 당당하고 긍정적인 마인드를 잃지 않는 사람이 큰 부자다. 게다가 그들의 이러한 에너지는 그들 스스로를 부티 나게 해줄 뿐만 아니라 주변 사람들에게도 전파되어 기를 받게 한다. 그런 사람 가까이에 있으면 덩달아 나의 운도 좋아지는 것이다. 긍정적인 모습을 닮게 되고, 희망적인 메시지를 무의식중에 자신의 마음속에 담기 때문이다.

또한 성공하려면 성공한 사람들의 줄에 서야 한다. 성공한 사람들의 습관과 행동, 그리고 그들의 긍정적인 기운과 열정의 의지를 직접 느끼고 배우라는 것이다. 의지는 전염병과 같이 주위 사람들에게 전해진다. 예전에 한 칸짜리 사무실에서 한참 어려움을 겪을 때 어렵다는 생각에 사로잡혀 힘들어 하면, 함께 일하는 사람이나 방문객들조차도 부정적인 말이나 행동을 하기 일쑤였다. 한마디로 부정의 기운이 전염된 것이다. 그러니 될 일조차도 힘들게 한다거나 심지어 일이 틀어지기도 했다.

그래서 같이 사는 부부, 가족, 인맥, 직원들을 '긍정'과 '의지'로 전염시켜야 한다. 어떤 사람이 두 개의 사과를 집에다 가져다놓고 하나는 매일 예쁘다, 빛깔이 곱다며 긍정의 말을 해주고, 다른 하나에는 부정적인 말을 했다고 한다. 그러니 긍정의 사과는 계속 싱싱했고, 부정의

사과는 썩었다고 한다. 말귀 못 알아듣는 식물도 이럴진대 사람은 오
죽하겠는가.

이처럼 긍정의 기운, 성공의 됨됨이인 '부티'는 금전적인 부의 유무
와는 별개의 것이다. 그래서 노력에 의해 만들어지기도, 키워지기도
한다. 나는 사람들에게 "부자처럼 입고 부자처럼 말하고 부자처럼 웃
어라"고 말한다. 여기서 '부자처럼 입어라'는 비싸고 멋진 옷을 입으
라는 말이 아니다. 때와 장소에 맞는 옷차림, 즉 '준비성'을 이야기한
다. 중요한 계약이 있는 자리에 청바지에 티셔츠, 운동화 차림으로 나
온다면 누가 그를 신뢰하겠는가. 부자들이 항상 옷을 갖춰 입듯 늘 긴
장을 늦추지 않고 준비하는 사람만이 기회를 잡을 수 있다.

우리 조상들은 사람을 평가할 때, 신언서판身言書判을 기준으로 삼았
다. 우선 풍채와 용모를 보고(身), 언변을 보았으며(言), 글씨를 보았고
(書), 판단력을 보았다(判). 신언서판은 이미 당나라 때 관리를 등용하
는 시험에서 인물평가의 기준으로 삼았던 것으로, 신身을 가장 먼저
따진 것은 몸가짐과 복장이 단정해야 함을 뜻한다. 부자가 되려면 부
자처럼 입고 용모를 정리하면서 부자의 마음가짐과 단정함을 받아들
여야 한다.

그리고 '부자처럼 말하라'는 것은 잘난 체, 거드름을 피우라는 말이
아니다. 상대에 대한 '배려'를 말하는 것이다. 진정한 부자는 말 한마
디를 하더라도 상대의 기분을 먼저 생각한다. 그것이 사람의 마음을
얻는 방법이라는 것을 알기 때문이다.

한편 '부자처럼 웃어라'는 '여유'를 말한다. 넉넉한 마음을 가진 사람은 웃음 또한 여유롭다. 힘들어도 웃고, 어려운 일이 있어도 궁상떨지 않고 신나게 웃다 보면 반드시 좋은 결과로 이어진다.

부자는 '돈이 많은' 부자라서 즐겁게 사는 것이 아니다. 즐겁고 긍정적으로 살기 때문에 부자이다. 따라서 부자를 꿈꾼다면 부티, 즉 긍정의 기운이 줄줄 흐르는 사람을 곁에 두고 늘 그의 부티를 흉내 내야 한다. 부자처럼 행동하고 부자처럼 말하고 부자처럼 웃다 보면 어느새 나도 부자가 되어 있을 테니 말이다.

평강공주가 바보 온달을 알아보는 혜안

평강공주는 어떻게 바보 온달을 알아볼 수 있었을까. 평강공주는 다른 사람이 보지 못하는 잠재력을 바보 온달에게서 발견한 것이 분명하다. 우리 모두에게 평강공주와 같은 혜안이 있다면 인생이 몇 배는 더 지혜로워질 것이다. 그러나 안타깝게도 직관력이나 혜안이 하루아침에 얻어지는 것은 아니다.

통찰력을 가지고 면밀하고 신중하게 사람을 살피다 보면 사람의 됨됨이와 말씨, 행동, 품위 등을 통해 그 사람의 그릇을 알아볼 수 있다. 또한 직감적으로도 그 사람이 불행을 가져올 것인지 행운을 가져올 것인지 느껴지는 경우도 있다. 이것은 누구에게나 잠재되어 있는 직관력이 있기 때문이다.

나의 저서가 인기가 높아지자 나의 철학과 인생관을 높이 산 사람들이 따로 동호회를 만드는 일도 있었다. 가끔 그분들에게서 장문의 메일이 오기도 하는데, 사업 구상부터 사람과의 인연, 처세를 묻는 일까지 그 내용도 다양하다. 나는 시간을 쪼개 그들에게 답장을 쓰거나 가끔은 직접 만남을 갖기도 한다. 그러다 보면 첫눈에 이 사람이다 싶은 사람도 보이며, 절대 가까이해서는 안 될 것 같은 사람도 보인다.

"평소 교수님을 너무나 존경하고 있었습니다. 제 인생의 멘토가 되어 주십시오."

20여 장이 넘는 장문의 편지를 여러 번 보내온 최 모라는 젊은이가 있었다. 나는 최 군의 정성이 감동스러워 그를 직접 만나보기로 했다. 그는 외국인 공인중개사 일을 하고 있었는데, 나는 신뢰가 확신으로 이어지면 그를 내 사람으로 만들려고 하루는 그를 사무실로 불렀다. 그는 외국인을 상대하다 보니 외국어도 곧잘 해서 내 사람으로 쓸 만한 재능 또한 갖춘 셈이었다.

그렇게 그와 일면식을 가진 후 하루는 사업 때문에 외국인을 만날 일이 있어서 그를 한 번 더 불렀다. 그런데 공교롭게도 그날 제주도에서 개발 사업을 하는 개발업자가 나를 만나겠다고 찾아왔다. 그를 보는 순간 첫인상부터가 왠지 마음에 들지 않았을뿐더러, 몇 마디 나눠보니 이해타산만을 따지는 것이 느껴져 속으로 얼른 보냈으면 좋겠다는 생각이 들었다. 그런데 먼저 불렀던 최 군이랑 둘이 앉아서 명함을 교환하고 소곤거리고 있는 게 아닌가. 그리고 급기야는 둘이 밖으로 나가더니 한참을 이야기하다 들어오는 것이었다. 나는 그들을 지켜보며 고개를 내저었고, 그것으로 그 두 사람은 신뢰할 수 없는 사람이 되었다.

사교에도 기본적인 예의와 법칙이 있다. 주선자의 소개 없이는 절대로 명함 교환이나 인사, 소개도 하지 않는다는 것이 유태인의 철칙이다. 너무 형식을 따지는 게 아니냐는 생각을 할 수도 있겠지만 절대 그렇지 않다. 모임의 주체가 주선자임을 인정해 주는 것이 가장 기본적 예의이며, 주선자가 서로에게 필요한 인맥을 소개시키고 연결시켜 줄 것을 믿는 신뢰의 행위이기도 하다. 이러한 기본적 예의 없이 성급하게 자기들끼리 문어발식 인맥을 만들어가는 사람들은 분명 어느 순간 나의 뒤통수를 친다. 하물며 그다지 좋지 않은 기운을 가진 사람과 쉽게 의기투합하는 사람이라면 더 말할 필요가 없다. 이런 사람들이야말로 시간이 지나면 반드시 적맥이 된다. 이것을 구별하지 못하는 사람이 '인맹'인 것이다.

세상을 살며 많은 사람을 얻을 필요는 없다. 나에게 꼭 필요한 사람을 선택하여 소중히 가꿔나가면 된다. 그리고 신중하게 판단하여 '아니다' 싶은 사람은 가능한 멀리해야 한다. 그것이 인맥과 적맥을 알아보는 혜안이다.

강한 확신과
열망의 힘

대부분의 사람들은 일하면서 자신이 생각했던 것보다 일이 더 커지거나 자신이 통제할 수 없는 부분으로 흘러가면 당황한다. 그러나 당황만 할 게 아니라 이 일이 왜 커지는지, 그리고 어디로 흘러가는지 그 원인을 알고 있다면 그것은 혼란이 아니라 새로운 기회가 될 수 있다. 위기가 곧 기회란 말이 괜히 생겨난 것이 아니다. 즉 지금의 혼란마저도 내가 꿈을 펼치는 과정에서 일어난 것이라면 당황하지 말고 새로운 기회가 열리는 출구를 찾을 줄 알아야 한다. 꿈은 근거 없는 낙관을 낳는 것이 아니라 도전과 창의의 자세를 갖추도록 해주는 마법을 부린다.

신대륙의 발견자인 콜럼버스는 당시만 해도 지구가 네모반듯하다는 생각이 상식으로 통할 때 상상의 나래를 펼쳐 꿈을 꾸기 시작했다.

그는 바닷가에서 본 이상한 열매를 보고 다른 세상이 있음을 확신하고 과감하게 바다로 나갔다. 불안해하는 선원들에게 "나는 확신한다. 한 번도 보지 못한 열매가 발견됐다는 것은 저편에 우리가 알지 못하는 땅이 있다는 분명한 증거다."라며 자신의 믿음대로 행동했다. 콜럼버스의 강한 확신과 열망의 힘이 그를 신대륙으로 이끌었고, 그의 이름은 역사 속에서 불멸의 이름이 되었다.

꿈을 향한 여정은 자신의 강한 확신과 열망이 없이는 계속 이어질 수가 없다. 목표의식이 없으면 작은 어려움에도 쉽게 굴복하는 법이다. 추사 김정희는 마천십연磨穿十研이라 하여 일흔이 넘는 나이에 열 개의 벼루와 천 개의 붓을 다 닳게 만든 집념과 노력을 보여주었다. 추사가 숱한 귀양살이를 다니면서도 쉽게 피폐되거나 좌절하지 않고 매진할 수 있었던 것은 공부에 대한 열정과 확신 때문이다.

내가 발품을 팔며 무수한 사람들을 만나면서 꿈을 전하고 함께하자는 메시지를 전달할 수 있는 것도 자기확신이 없었다면 불가능했을 것이다. 할 수 있다는 긍정보다 안 된다는 부정의 논리로 바라본다면 내 꿈은 미처 펼쳐보기도 전에 사장됐을 것이다. 아무도 관심을 기울이지 않는 우주문화테마파크를 '미르' 하나만 가지고 시작하자고 할 때 많은 사람들이 나를 외면했다. 그러나 다른 사람을 탓하거나 의지만 하는 것이 아니라 나 스스로 모든 것을 책임지고 가겠다는 확신과 열망으로 밀어붙였다. 그 결과 내 머릿속에서만 존재하던 우주문화테마파크인 스타스페이스가 지금은 눈앞에서 현실로 만들어지고 있는 것이다.

중국에서는 사람들의 관계를 '꽌시關係'라고 한다. 중국처럼 크고 다양한 사회에서는 '꽌시'가 중요하다. 결국 믿을 사람은 자신과 잘 아는 사람일 수밖에 없다는 생각에 그들은 동향 출신이나 학교 등 공통분모를 가진 사람들과 친밀한 관계인 '꽌시'를 맺는다. 이는 단지 정맥이라기보다 확인과 신뢰의 과정을 거친 확신의 관계이기 때문에 한 번 맺은 '꽌시'는 웬만해서는 해체하는 일도 없다.

이런 중국의 '꽌시'는 한국 사람들에게도 많이 알려져 있다. 중국에서 사업에 성공하기 위해서는 상대방의 '꽌시'에 들어가야지만 가능하다고 말이다. 그런데 이 '꽌시'에 들어간다는 것은 낙타가 바늘구멍에 들어가는 것만큼 힘든 일이다.

어떤 사람이 중국에 갔는데 상대방이 식사와 술을 대접하며 호의적인 반응을 보이더라며 그들과 '꽌시'를 맺었다고 좋아했다. 그 사람은 이제 사업은 성공한 것이나 마찬가지라고 호언장담을 했지만 결과는 그 반대였다. 왜냐하면 중국 사람이 처음에 보여준 그 호의는 중국인의 일상적인 접대이자 투자에 불과했기 때문이다. 중국인들은 신뢰에 대한 확신의 과정에서 그를 진정한 '꽌시'로 받아들이지 않은 것이다.

단순히 좋은 감정을 주고받는다고 해서 '꽌시'가 맺어지는 것은 아니다. 중국인의 '꽌시'는 '좋은 관계가 신뢰로 이어지고, 신뢰가 좋은 거래로 이어진다.'라는 나의 3TSM(Together, Trust, Training, Special Membership)과 너무나 흡사하다. 그래서 그들은 일단 '꽌시'에 들어오면 상호이익을 위해 서로 봉사를 하게 된다. 오죽하면 '꽌시'가 되면 차용증서 없이도 금전거래를 할 정도일까.

처음 중국에 갔을 때만 하더라도 '꽌시'에 대해 잘 알지 못했거니와 중국인 특유의 과도한 접대 문화에 반신반의한 것도 사실이다. 그러나 시간이 갈수록 그들의 친절이 형식이 아니란 것을 알게 되었다. 나중에 알게 된 사실이지만 이미 나에 대한 기본적인 파악이 끝난 상태였기 때문에 '꽌시'를 맺기 위한 환영의 절차를 밟은 것이었다. 이렇게 나는 중국에서 당장의 사업적인 성과보다 더 귀한 '꽌시'를 선물 받았다. 평소 나의 인맥관과 맥락이 같은 중국의 '꽌시'를 직접 체험했다는 것은 바로 귀한 사람들을 나의 인맥으로 맺을 수 있었다는 의미다. 스타스페이스의 꿈을 좇아 중국으로 건너간 것이 사업의 성과뿐만 아니라 귀인을 얻는 성과마저 올린 것이다.

꿈을 이해하는 사람을 만나라

꿈 이야기만 하다 보면 '이 사람, 너무 허황된 것 아냐?'라며 못미더워하는 사람들도 있다. 이런 사람들은 미래보다 현재가 중요하고, 또 미지의 개척보다 현재의 안정을 추구하는 사람들이다. 또한 그들은 지식과 정보에 집착한 나머지 각종 언론매체를 통해 누구나 얻을 수 있는 정보를 무비판적으로 수용하는 경향도 있다. 공인된 매체라는 이유 하나만으로 정보를 신뢰하다 보니 포퓰리즘이나 대세론에 쉽게 빠지기도 한다. 이런 사람들은 논리나 공식으로만 모든 것을 판단하려 한다. 꿈이 비집고 들어갈 틈이 없는 것이다. 그러니 오랫동안 뭔가 추구하려는 것보다 눈앞의 이익과 현상에만 급급할 따름이다.

자기가 알고 있는 짧은 지식을 떠들고, 그것이 전부인 줄 착각하면 시대의 흐름을 읽을 수 없고 투자도 사업도 실패하기 마련이다. 이런 사람들은 확신이나 열망보다 아집과 독선만으로 세상을 보기 때문이다. 이런 사람들 앞에서 꿈을 이야기하면 몽상가로 취급받기 일쑤다. 그러나 《위대한 발견》의 저자인 밥 프록터는 "과거의 모든 위인들은 모두 몽상가였다. 그들은 미래를 그리던 사람들이었다. 이미 지나간 것이 아니라 될 가능성을 생각했고 그것을 행동으로 옮겨 열매를 맺었다."라고 했다. 이처럼 역사나 사회의 발전은 당시에는 그 누구도 이해하지 못했던 몽상가들의 꿈에 의해 발전되었다고 해도 과언이 아니다.

꿈을 현실로 이루기 위해서는 무엇보다도 나의 꿈을 이해하는 사람을 곁에 두는 것이 중요하다. 꿈을 혼자만 가슴속에 담고 있을 것이 아니라 많은 사람에게 알리고 그것을 이해하고 공감하는 사람을 만나야 한다. 그래야 그들의 지혜와 통찰력을 통해 꿈을 현실로 실현시킬 수 있는 더 나은 방향을 찾아갈 수 있다. 주위에서 진정한 프로페셔널이라고 인정받는 사람들의 대부분이 사람을 통해 얻은 지혜와 통찰력을 중요시 여기는 이유가 바로 여기에 있다. 지식은 학습을 통해 얻을 수 있지만 지혜는 사람들과의 관계와 성찰을 통해서만 얻을 수 있기 때문이다.

지혜를 갖춘 사람들은 늘 혜안과 통찰력을 얻기 위해 노력한다. 전경련 회원사 기업의 CEO들을 상대로 강연을 한 적이 있었는데 다른 어떤 곳에서 강의할 때보다도 더 열심히 강의를 듣는 그들을 보고 적지 않은 감동을 받았다. 그들이 나에게 새로운 지식이나 월등한 지혜를 구하려고 하지는 않았을 것이다. 이런 사람들은 정해진 법칙이나 논리보다 가슴속에 품고 있는 그 무언가를 들여다보려고 한다. 바로 꿈이 있는지를 보고 이해하려고 하는 것이다. 그렇기 때문에 그들은 나의 꿈과 전문성을 인정하면서 강의를 들었고, 자신들이 얻을 수 있는 그 무엇인가를 찾고 있었던 것이 아닐까.

성공한 사람들은 꿈을 가진 사람들이다. 그래서 그들은 자신의 꿈을 이해하는 사람들과 양질의 정보를 공유한다. 그리고 성과를 나누면서 계속 성공의 길을 걸어간다. 따라서 그들과 인맥이 된다면 모든 것을 함께 나누며 공유할 수 있다. 또한 그들의 판단력과 신속한 정보를 공유하며 더욱 큰 시너지를 낼 수가 있다.

아디다스가 전 세계적인 운동화 브랜드로 이름을 날리고 있을 때, 어떤 한 청년이 "난 아디다스를 이길 수 있는 세계적인 브랜드를 만들겠다"고 하자 친구들과 가족들은 모두 반대를 했다. 꿈은 대단하지만 현실성이 없다는 이유였다. 그러나 그 청년은 포기하지 않고 꿈을 실현하기 위해 열심히 뛰어다녔다. 그러자 하나둘씩 그의 꿈과 비전을 이해한 사람들이 모여들기 시작했다. 하지만 정작 함께한다고 모였지만 미래에 대한 두려움 때문에 선뜻 꿈을 행동으로 옮기지 못하고 다들 주저하였다. 그때 그의 꿈을 이해한 한 동료가 그 청년에게 해준 말이 있다. 그게 바로 후일 나이키의 모토가 된 'Just do it!'이다. 한 청년의 몽상으로 끝날 수도 있었던 일이 꿈을 이해하는 사람을 만났기에 지금의 나이키로 탄생한 것이다.

실제로 스타스페이스 사업과 관련해서 나의 꿈을 이해해 주는 사람들이 건강한 정보와 조언을 해주는 경우가 많았다. 그들이야말로 진정한 비즈니스 인맥이라고 할 수 있는데, 처음부터 사업의 타당성을 보고 만나기보다 자연스레 어울리면서 서로의 꿈을 이해하자 자신의 지혜를 나눠주기 시작했던 것이다.

이런 과정을 자주 경험하면서 나 자신의 꿈을 놓치지 않고 이루겠다는 강한 열망을 보여주면 많은 선물이 따라온다는 것을 알게 되었다. 좋은 인맥과 고급정보, 그리고 지혜까지 얻을 수 있는 것은 화려한 물질적 배경으로 가능한 게 아니다. 그래서 나의 꿈을 감추지 말고 열심히 이야기해야 하는 것이다. 그러면 내 꿈을 이해하는 사람을 만날 수 있다. 이렇게 만난 사람을 통해 원하는 것을 얻고 꿈을 이룰 수 있게 된다.

행동하는 철학이 꿈을 현실로 만든다

PART 05

“세상을 움직이려면 먼저 나 자신을 움직여야 한다.”
소크라테스

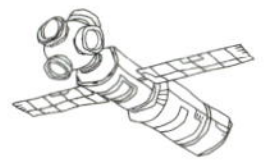

사람들은 나를
'교수'라 부르지만

아직도 많은 사람들이 나를 '교수'라고 부른다. 아무래도 주로 강의나 강연 활동을 통해 그들을 접하다 보니 그럴 것이다. 하지만 나는 사람들이 나를 강단교수, 즉 강의만 하는 교수로 부르는 것은 그다지 탐탁지 않다. 지금까지의 인생을 돌이켜보면 나는 현장형 인간이지 결코 골방에서 책만 보는 샌님은 아니었으니 말이다. 은행 생활도 그랬고, 강연을 할 때나 지금 하고 있는 스타스페이스 사업도 마찬가지다. 무엇을 해야겠다는 구체적인 실행 목표를 설정했다면 발 빠르게 현장에서 뛰어다니며 성과를 얻고, 관련 지식을 구하는 것이 체질에 맞다.

사무실에서는 직원들이 나를 '회장님'이라고 부른다. 그러나 CEO라고 해서 나를 경영인으로만 구분 짓는 것은 싫다. 최고경영자라기보다 꿈을 함께 공유하며 실현하는 집단의 리더로 나를 규정하고 싶다. 그래서 나 스스로를 CMO라고 생각할 때가 많다. 멤버십^{Membership}을 책임지는 사람이란 뜻이다. 그리고 여기서 더 나아가 CDO로 불리고 싶다. 꿈^{Dream}을 실현하는 최고책임자라는 말이다.

은행지점장을 그만둔 후부터 부동산이나 인맥 관련 전문가로 인정받고 있지만 그것은 결코 책만 들여다보며 학문을 연구한 결과로 나온 것이 아니다. 요즘 시대의 전문가는 권위가 아니라 현장의 경험과 지식에 의해 평가받는다. 말 그대로 프로페셔널을 요구하는 시대인데 강단에서 강의만 한다고 해서 전문가라 할 수는 없는 것이다.

우주식품 개발 때문에 천안의 어떤 식품회사에서 강연을 요청받아 방문했을 때 일이다. 회사 앞에 도착하자 공장장이 마중을 나왔기에 서로 인사를 하게 되었다. 마침 가지고 있는 명함이 당시 강남대 평생교육원 주임교수 명함이었던 터라 그걸 건네며 인사를 나누었다. 그런데 명함을 받아든 상대방이 이렇게 말하는 게 아닌가.

"아, 교수님이시군요! 그럼 고리타분하시겠네요. 교수치고 긍정적인 사람들을 못 봤어요."

처음 본 사람에게 하는 농담치곤 왠지 가시가 있는 듯했지만 개의치 않고 그 이유를 물었다. "왜 그렇게 생각하시나요?"

"실용화도 안 되고 돈도 안 되는 논문이나 긁적거리고 있잖아요. 그런 논문은 우리 서고에 가면 많이 처박혀 있어요. 진짜 돈 되는 논문은 우리가 쓰죠. 바로 현장에서요."

다소 거친 표현이긴 했지만 나는 그분의 말에 전적으로 동의했다. 왜냐하면 내가 평소 생각하는 것과 같았기 때문이다. 그분도 많은 학자나 교수들이 실험과 연구, 실행을 하고, 또 그 결과를 세상에 보여주는 것을 모르는 바는 아니었을 것이다. 그러나 간혹 책임지지 않는 말과 현란한 수사로 점철된 지식인들의 말장난을 지적하고 싶었던 것이었으리라. 나 역시 '성공은 지식이 아니라 현장에서 나온다'는 생각을 가지고 있었기 때문에 '현장 지식이 곧 논문'이란 말에 동의할 수밖에 없었다. 오히려 의견이 맞는 사람을 만났다는 기분에 우주식품 개발과 관련해 몇 가지 시제품도 함께 개발할 정도로 일의 진척 또한 원활하게 이루어졌다.

이렇듯 '교수'란 호칭은 나의 의도와는 다른 인상을 주기도 한다. 이전에는 사람들이 나를 뭐라 부르건 그다지 신경을 쓰지 않았다. 하지만 그 일을 통해 나는 호칭이 곧 그 사람의 정체성을 나타낸다는 것을 새삼 깨닫게 되었다. 교수, 회장, 부동산 전문가, 부자학 전문가, 인맥의 달인 등 이런저런 호칭으로 불리면서 나 스스로도 조금씩 혼란을 느끼기도 한다. 그래서 가끔 나 자신을 상대에게 소개할 때 머뭇거리며 한참을 생각한 적도 있다.

한번은 명사클럽에 나가 강의를 하게 되었는데 강연에 앞서 사회자로부터 나를 소개할 때 뭐라고 해야 하나 하는 질문을 받은 적이 있다. 고민을 잠시 하다가 직업이 없다고 말했다. 명함에 적힌 직업만 보더라도 몇 가지가 되는데 직업이 없다고 한 것은 다 이유가 있었다.

내 대답의 의미를 알아들은 사회자는 나를 "직업이 없는 사람, 꿈 많은 부자"로 소개했다. 원래 꿈 많은 부자란 특정 직업이 없는 사람이라는 나의 생각을 그대로 말한 것이다. 그러자 한 사람이 말했다.

"직업이 없다면 수입이 없으니……."

직업도 없고 수입도 없는 웬 가난한 사람이 명사클럽에 와서 무슨 강연을 하냐는 투의 말이었다. 그러나 원래 꿈이 많은 부자는 특정 직업이 없다. 그들은 넘치는 꿈만큼이나 하고 싶은 일도, 그리고 하고 있는 일도 많기 때문이다. 그래서 그들은 오히려 이것저것 다방면으로 성공한 사람들이다. 다양한 일을 하더라도, 예를 들어 사람을 관리하거나, 돈을 벌거나, 또는 어떤 프로젝트를 진행할 때마다 실패보다 성공을 하는 사람들이 바로 부자다. 그래서 어떤 특정 직업 하나로 규정할 수가 없다. 현재 무엇을 하고 있느냐가 중요한 것이 아니라 성공의 원리를 아는 사람이 바로 부자다. 이런 부자의 특성을 몰랐던 그 사람은 직업이 없다는 나의 말 한 마디에 나를 '무능력자'로 취급한 것이다.

꿈이 많은 부자는 기회를 믿는 사람이다. 그들은 어떤 상황에도 불안감과 위기감을 느끼기보다는 기회를 먼저 믿는다. 존 F. 케네디 전 미국 대통령은 "동양에서는 Crisis를 위기危機라고 쓴다. '위危'는 위험을 뜻하고 '기機'는 기회를 뜻한다. 다시 말해, 위기 상황이 오면 위험을 예측하는 동시에 기회를 살펴야 한다."라고 했다. 부자들은 어떤 상황이나 직업, 그리고 행동에 국한되지 않는다. 그들은 자신 앞에 놓인 상황을 어떻게 해결할 것인가에 몰입하며, 기회를 찾는 것에 집중

214

할 뿐이다.

이런 이유로 명사클럽에서 나에게 직업이 없다며 가난하다고 말한 사람은 부자가 될 수 없는 사람이다. 부자가 뭔지도 모르는데 어떻게 될 수 있겠는가. 단지 지금은 명사라는 명예와 얼마간의 재산을 가지고 자신이 부자라고 착각할 뿐이다. 누누이 말하지만 당장 가지고 있는 자산만이 부자의 기준이 아니다. 부자란 돈을 좀 더 벌 수 있도록 잠깐 가져다 쓰는 지식이나 기술 따위로 될 수 있는 게 아니다. 자신이 이루고자 하는 꿈에 대한 지독하리만큼 무한한 열정을 가지고 있어야 한다. "미쳐야 미친다"는 불광불급不狂不及은 꿈을 이루고 성공할 수 있는 원리다. 이 원리를 체득한 사람이야말로 부자인 것이다.

반드시 특정 직업을 가져야만 성공한 사람, 진정한 부자가 된다는 고정관념부터 깨야 한다. 그래야지만 진정한 성공을 거두고, 진정한 부자가 될 수 있다. 현재 빌 게이츠의 직업을 무엇이라고 부를 수 있겠는가. 사업가? 개발자? 자선사업가? 그 어느 것도 이제는 그를 간단하게 규정할 수 없다. 부자란 이처럼 하나의 직업, 명칭에 국한할 수 없다.

아무튼 나에게 맞는 호칭을 정한다는 것은 간단치 않은 문제다. 그건 사람들에게 나의 정체성을 보여주는 문제이기 때문이다. 교수, 대표, 회장, 전문가 등 여러 호칭 중에서 나를 제대로 표현할 수 있는 호칭은 없다. 게다가 교수 등의 호칭은 정체성을 보여준다기보다 권위만을 내세우는 것 같아 마뜩찮은 기분이다. 나의 행동철학과 지향점이 분명하게 드러날 수 있는 호칭은 그래서 찾기가 쉽지 않다.

나만의 특화된 브랜드를 만들어라

가끔씩 외부의 단체나 개인이 나의 직업을 소개할 때 '저자'라고 하거나 '방송인'이라고 하는 경우도 있다. 이렇게 때에 따라서 여러 가지 일을 하지만 그렇다고 나 스스로 '투잡'을 하는 것으로 받아들이지는 않는다. 강의하는 내용이나 사업하는 것이나 모두 같은 목적을 이루기 위해 하는 것이라서 그렇다. 한 가지 일을 하기 위해서 여러 공간에서 다양한 사람들을 만나 일을 하는 것뿐이다.

강의실에서 학생들을 대상으로 강의만 하는 교수 또한 내가 원하는 것은 아니었다. 그래서 강의실 밖으로 나와 사람들이 부르는 곳이라면 어디든 달려가 컨설팅을 해주거나 실제 함께 일을 하면서 성과를 내려고 노력했다. 그리고 지금은 스타스페이스 사업을 성공시키기 위해 연구, 사업, 강의 등 다양한 방향에서 한 걸음씩 내딛는 실행을 하고 있다.

결국 교수라는 직함이 달려 있지만 '사업하는 교수'라는 특화된 개념을 가지고 있다. 그것은 곧 '행동하는 교수', '현장 지향형 사업가'라는 의미와 일맥상통한다. 이런 나의 교육철학은 그 뿌리가 유태인의 교육철학과 맞닿아 있다.

유태인은 소수인데도 미국의 경제뿐만 아니라 전 세계를 주무르는

216

부자가 많은 이유는 무엇일까? 그건 바로 교육이다. 유태인은 성인이 되면 누구나 다 교육자의 역할을 해야 한다. 특히 직업 생활을 하면서 교육자의 역할을 하는 것을 매우 중요하게 생각한다.

유태인의 종교 사제인 랍비는 직장에서 다른 일을 하면서 목회를 하는 경우가 대부분이다. 일상적인 직업과 교육, 그리고 종교적인 임무를 다하는 사람들이다. 그만큼 현장에 뿌리를 박고 사람들에게 필요한 교육을 한다는 뜻이다. 어려운 학문의 가치라기보다 사람들의 실생활에서 느끼는 정서와 문제점을 공감하고 지혜를 나누기 때문에 더욱 설득력을 가진다. 그래서 그들의 사회적인 영향력은 대단하다. 또 그만큼 존경을 받는다. 그리고 그들은 돈의 가치를 속물적으로 가르치는 것이 아니라 그들이 조국을 다시 찾을 수 있는 도구로서 교육시켰고, 이제는 자신의 꿈을 실현하는 과정으로서 돈을 버는 의미와 흐름을 교육한다고 한다.

유태인 부모들은 아이들이 잠이 들 무렵이면 항상 베갯머리에서 돈을 어떻게, 왜 벌어야 하는지 가르친다. 어릴 때부터 이렇게 돈에 대해 교육을 받아서인지 그들의 활약상은 놀랍다. 세계 금융계를 주무르는 주역들의 대부분이 유태인이란 사실은 결코 우연이 아니다.

우리는 돈 이야기, 재테크 이야기를 단지 속물적으로만 생각한다. 그러나 유태인은 돈을 '벌고, 모으고, 키우는' 방법을 어릴 때부터 가르친다. 이게 올바른 금융 교육이고 재테크 교육이다. 또한 그들은 돈이란 내가 사회로부터 받아서 잠시 관리하는 것이라고 생각한다. 그래서 죽을 때는 미련 없이 사회에 환원한다는 생각을 한다. 워렌 버핏 같은 사람이 상당한 재산을 기부하는 이유가 바로 여기에 있다. 그리고 이 모든 것이 바로 교육의 힘이다.

우리나라에서는 교육자가 '꿈을 주는 사람'으로 보이지 않는다. 단지 진학과 취업을 위한 과정에서 스킬을 가르쳐주는 사람으로 생각하는 학생들이 대부분이다. 참으로 안타까운 일이 아닐 수 없다. 그런데 가만 생각해 보면 이 모든 것이 사회에서 생존을 위한 경쟁만을 강조하는 어른들의 탓이 크다고 할 수 있다. 그들조차 꿈이 없이 그저 하루하루 치열한 경쟁의 정글에서 살아남기 위해 아등바등하는데 아이들에게 꿈을 이야기할 여력이 있겠는가. 꿈을 잃은 어른이 청소년에게 꿈을 줄 수는 없는 것이다.

나는 강의만 하는 교수가 아니라 사업을 하고, 방송을 하고, 책을 쓰는 진정한 의미의 교육자가 되고 싶다. '사업하는 교수', '꿈을 주는 평생교육자', 그리고 '사회적 비전 제시가'로서 사람들에게 보이기를 원한다. 이런 의미가 담겨 있는 호칭이 생겼으면 좋겠다. 물론 궁극적으로 '베풀며 존경받는 행복한 부자'가 되고 싶고, 또 주위 사람들이 그렇게 되도록 만들고 싶다. 그래서 '부자가 되기 위해 행동하는 실천가'이자, 다른 사람들을 행동하고 실천하게 만드는 '부자 메신저'가 되고 싶다.

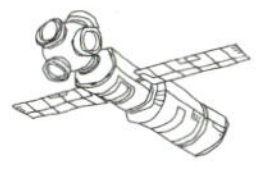

영향력은
현장에서 나온다

은행에서 근무할 때 지나치게 형식과 명분에만 집착하는 상사를 모신 적이 있다. 그는 보고서 하나를 작성하더라도 정해진 틀에서 벗어나는 걸 못 보는 까다로운 성격이었다. 한 번은 같이 근무하는 김 대리가 외근을 나갔다가 돌아왔다고 그 상사에게 말하자 대뜸 보고서를 요구했다. 외근을 갔다 왔으니 보고서를 쓰는 것이야 당연했다. 그런데 그 정도가 너무 지나쳤다.

"오후 2시에 나간 사람이 5시가 다 되어 들어온다는 게 말이 되는가? 도대체 그 시간이 되도록 어디서 뭘 했단 말인가?"

"신규로 거래를 뚫어볼까 하고 사람들을 만나다 보니 시간이 그렇게……."

"그래도 그렇지! 시간 단위별로 도대체 어디서 누구를 만났는지, 무슨 이야기를 했는지 다 적어서 제출해!”

잔뜩 긴장한 표정의 김 대리에게 그 상사는 종이를 한 장 집어던지며 소리쳤다. 옆에서 지켜보던 내 얼굴이 화끈거릴 정도였다. 그 상사는 기본적으로 부하직원에 대한 믿음이 부족했고, 외근을 갔다 온 성과에 대한 판단보다 어떤 이야기를 했는지 녹취록처럼 정리하는 것이 더 중요했던 사람이었다. 나는 그를 지켜보며 ‘내가 지점장이 되면 절대로 형식을 따지는 상사는 되지 않겠어!’라고 다짐했다.

얼마 지나지 않아 나는 지점장으로 부임하게 되었다. 당시는 경기 불황의 여파로 지점의 대출연체율이 급격하게 증가하던 시점이었다. 당연히 나는 지점장으로 부임하자마자 가장 먼저 이런 불황의 여파를 타파하는 것을 목표로 정했다.

“이번이 벌써 세 번째입니다. 이렇게 계속 대출이자를 연체하시면······.”

전화 통화를 하다 말고 여직원이 고개를 떨구었다.

“왜 그러는가?”

“고객님께 대출이자 연체에 대해 설명 드리는데 마음대로 하라면서 전화를 끊어버렸습니다.”

나는 큰 숨을 들이쉬었다. 지점장으로서의 능력을 시험하는 첫 관문인 셈이다. 여직원에게 알겠다며 고개를 끄덕인 후 은행 마감이 끝날 때까지 기다렸다가 지점의 모든 직원들을 불러모았다.

“자, 지금부터 모두 제 말을 잘 들으세요. 전화로 안 되면 얼굴로 부딫치세요. 웃는 얼굴에 침 못 뱉는다고 설마 쫓아내기야 하겠습니까. 지점장에게 잘 보이기 위해 얼굴 도장 찍는 일은 더 이상 안 하셔도 됩니다. 직접 현장으로 나가서 성과를 내세요."

나는 덧붙여 '현장'의 중요성을 이야기했다. 단순히 출근시간을 지키고 자리를 지키는 것은 의미가 없다는 생각에서였다.

나는 '자율, 지혜, 성과'라는 새로운 점훈을 제시하며 "잘 보이기 위해 자리를 지키지 말고 현장주의로 지혜를 발휘해 성과를 내자."고 강조했다. 이처럼 '현장으로 출근하자'는 나의 주문은 놀랄 정도로 많은 변화를 가져왔다. 상사에게 눈도장을 찍기 위해 사무실에서 보고서 쓰기에 급급했던 직원들은 바로 현장으로 뛰어가 시간적으로나 정신적으로 많은 부분에서 집중력을 높일 수 있었다. 그 결과 연체율이 급속도로 떨어지는 것은 물론 생각지도 않던 다른 부분의 업무 성과까지 좋아졌다.

성공하는 사람이 되기 위해서도 이는 마찬가지다. 막연하게 "성공하자"거나 "얼마를 모으자"는 구호는 결코 성과로 연결되지 못한다. 아무리 작은 것이라도 '현장'이라는 실천이 따라야 성과로 이어지는 것이다.

이론의 함정을 경계하라

근래에 들어와 부동산학과가 여러 대학에 설치되었다. 하지만 과연 부동산학이라는 학문을 이론적으로 배운다고 해서 투자에 반드시 성공할까? 하나의 주장이 이론과 학설로 정립되려면 대략 100년쯤 걸린다고 한다. 그러므로 우리가 학문으로 뭔가를 배울 때에는 이미 그것은 '과거의 법칙'이 되어버린 셈이다. 결국 '과거의 지식과 이론'으로 투자에 나서는 셈이 된다. 따라서 이론에 기반을 둔 투자는 성공과는 거리가 멀어질 수밖에 없는 일이다.

부동산 투자에 실패하는 사람들의 대부분은 현장을 제대로 보지 않는 데에 그 원인이 있다. 아무리 개발 붐이 일고 있는 지역이라 하더라도 현장을 세세히 파악하지 않은 채 덜컥 토지에 투자한다면 성공할 리 만무하다. 발로 뛰면서 땅을 보는 눈을 길러야만 실패할 확률이 적다.

K씨는 어느 날 갑자기 건설업을 접고 관광 교육 관련 부동산에 투자하기 시작했다. 주변 사람들은 잘 나가고 있는 건설업을 접는 것에 대해 의아해했으나 정작 본인의 대답은 달랐다.

"앞으로 건설업만으로는 한계가 있습니다."

그는 요즘 사람들이 단순히 '내 집 마련'의 희망만 있는 것이 아니라 삶의 질적 수준 향상에 큰 관심을 가지고 있다는 것에 주목했던 것이다. 그래서 소위 '웰빙'이란 키워드를 중심으로 이와 관련한 부동산 시장이 커질 것이라고 전망했다. 얼마 지나지 않아 정말 그의 예상대로 국내 경기의 흐름이 건설업은 하향곡선을 그리고, 웰빙 시장 등의 활성화로 해당 사업 관련 부동산이 뜨는 것이 아닌가.

사실 K씨는 첫 만남부터 남들과 다르게 와 닿았다. K씨가 처음 부동산 투자에 뛰어들 즈음 지인을 통해 나에게 조언을 구해온 적이 있다. 나름대로 자신의 가치관이나 철학이 뚜렷한 분 같았는데도 그는 부동산과 관련한 이런저런 전문지식이나 일반상식에 집착하지 않고 나의 조언을 묵묵히 들었던 것이다. 이런 그의 태도가 무척이나 마음에 들었던지라 나는 조언뿐만 아니라 직접 지도를 들고 그와 함께 현장으로 향했다. 덧붙여 투자할 때 꼭 필요한 정보들에 대해 조언해 주었다.

"현장을 직접 보는 것 못지않게 중요한 것은 경제 동향을 아는 것입니다. 예를 들면 금리가 오르고 있는지 내리고 있는지, 저금리가 언제까지 계속될 것인지, 부동산 정책의 방향이 어디로 가고 있는지, 강남 집값이 어떻게 될 것인지, 국제유가는 어떤지, 주식시장은 어떻게 변하는지, 환율의 변화는 어떤지 등에 대해 지속적인 관심을 갖고 판단해야 하는 것입니다."

지식은 현장의 큰 흐름을 읽지 못하게 하는 함정을 가지고 있다. 예컨대 재테크 전문가라고 해서 모두 다 부자는 아닌 것처럼 말이다.

"증권이요? 저도 모릅니다."

한 출판사 사장이 증권에 관한 책을 써 달라고 모 증권사 베테랑 영업부장에게 부탁했을 때, 그가 손사래 치며 한 대답이란다. 참으로 아이러니하면서도 어찌 보면 맞는 말이기도 하다. 은행원들이라고 해서

모두 돈 많은 부자는 아니고, 부동산학 박사라고 해서 모두 땅 부자는
아니듯 말이다.

흔히 우리는 재테크에 밝고 풍부한 전문지식을 갖고 있으면 금세
부자가 될 것이라 생각한다. 그러나 주변을 돌아보면 결코 그렇지 않
음을 알 수가 있다. 단지 그들은 남을 부자로 만들어주는 지식을 전달
하는 데 남보다 더 능력이 있을 뿐이다.

"어딘가 아프면 의사에게 묻지 말고 환자에게 가서 물어보라."

이는 전문가의 함정을 경계하는 유태인들의 속담이다. 이처럼 이론
과 현장은 분명 차이가 존재한다.

물론 이론과 현장의 적절한 조화가 가장 이상적이겠지만 나는 스
타스페이스 사업을 하면서도 과감하게 현장을 더 중시하라고 말한다.
아무리 완벽하게 작성한 사업계획서라 하더라도 현장의 변수를 다 담
아내지는 못한다. 몇 번의 클릭만으로도 수많은 정보들과 이론들을
접할 수 있는 세상이 되었다고 해서 사무실에 가만히 앉아 현란한 데
이터와 수식어로 짜놓은 서류의 함정에 빠져서는 안 된다. 넘치는 이
론 속에서 더욱 빛나는 것이 현장인 것이다.

답은 현장에 있다

2006년 겨울, 우주여행 체험전을 개최할 때의 일이다. 생각보다 사람
들의 발길이 뜸하자 나는 물론이고 진행에 참여한 직원들까지 어깨가

축 처져 있었다.

"도대체 뭐가 문제일까요?"

한 여직원이 무거운 침묵을 깨고 먼저 입을 열었다.

"홍보 부족이죠, 뭐."

지금은 회사를 그만두었지만 당시로서는 중책을 맡고 있었던 L과장은 뻔한 걸 왜 물어보냐며 불만 섞인 말투로 투덜거렸다.

"그러는 L과장은 홍보를 위해서 뭘 하셨습니까?"

퉁명스럽고 무성의한 말을 내뱉는 L과장에게 내가 대뜸 물었다. 그러자 내 표정에서 심각함이 느껴졌던지 L과장은 입을 꾹 다문 채 말이 없었다.

나는 더 이상 그를 탓하지 않았다. 사람들을 닦달한다고 안 될 것이 갑자기 되는 것은 아니었다. 대신 나는 안으로 들어가 우주복으로 바꿔 입고 나왔다. 사람들은 어리둥절한 표정으로 나의 행동을 주시하고 있었다.

"자, 갑시다!"

"예?"

"이러고 있다고 누가 우리 입에 밥을 떠먹여 줍니까? 직접 부딪쳐 봐야지요!"

나는 서둘러 자전거에 올라탔다. 언론이나 방송의 힘을 믿기보다는 직접 현장에서 발로 뛰는 것이 더 중요하다는 판단이 든 것이다.

"스타스페이스로 오세요!"

나를 선두로 한 일행들의 거리 홍보전이 시작되었다. 사람들은 특이한 복장을 한 우리들에게 관심을 보였고 그 관심은 자연스레 우주여행 체험전으로 이어졌다.

"아이들 데리고 꼭 구경 오세요. 우주는 우리 아이들의 꿈이 자라는 곳입니다."

"네, 꼭 갈게요. 저희 아이가 우주인이 되는 게 꿈이거든요."

지하철역에서 홍보전단을 나눠주며 일일이 사람들의 손을 부여잡았다. 우주복을 입은 내 모습이 신기했는지 몇몇 사람들은 같이 사진을 찍자고도 하고, 친절하게 응대를 해주는 사람들도 있었다. 점점 거리홍보가 사람들의 호의적인 반응을 얻게 되자 매서운 겨울 날씨에도 불구하고 현장의 열기는 더없이 뜨거웠다.

"교수님, 추운 날씨에 수고가 많으시네요. 저희가 뭐 도와드릴 일이 없을까요?"

직접 현장으로 나서서 홍보를 한다는 소식이 전해지자 감사하게도 내가 가입해서 활동하고 있는 자전거 동호회 회원들이 도움을 주려고 연락을 해왔다. 기쁜 마음에 나는 그분들에게도 우주복을 나눠드리고 함께 자전거 홍보를 해줄 것을 부탁했다. 추운 날씨에도 불구하고 그분들은 흔쾌히 내 부탁을 들어주셨다. 우주인들이 자전거를 타고 다니는 거리홍보는 예상대로 효과 만점이었다.

나는 행사장 입구에서도 직접 마이크를 잡았다.

"어서 오십시오. 우주여행 체험전입니다!"

226

나의 이러한 현장에서의 노력에 도우미들과 아르바이트 학생들도 자극을 받은 모양이었다. 처음엔 춥다고 몸을 움츠리며 건성건성 홍보를 하던 학생들이 점차 적극적인 모습을 보였다. 더군다나 그들을 고용한 내가 앞장서서 현장에서 일을 하며 코칭을 하니, 고객에게 더욱 친절한 모습을 보여주기 시작했다. 결국 모두가 열과 성의를 다한 덕분에 전시회장에는 눈에 띄게 사람들이 늘었다. 그리고 성공리에 행사를 마칠 수가 있었다. 아마도 그날 학생들은 집으로 돌아가며 살아 숨쉬는 현장의 생생한 영향력을 가슴 깊이 간직했을 것이다.

사실 아르바이트 학생들을 보면 편안하게 비서실 같은 곳에서만 일을 하고 싶어 하는 이들이 많다. 하지만 세상은 결코 편안하고 안락하기만 한 것이 아니다. 오히려 번잡함, 복잡함 등의 온갖 변수가 난무하는 곳이다. 편안하게 책상만 지키고 있다가는 정작 사회로 나온 뒤 적응력이 떨어져 혼란을 느끼거나 도태될 수밖에 없다.

그날 나는 아르바이트를 하는 학생들에게 나를 "회장님이라 부르지 말고 교수라 불러라"고 했다. 그리고는 생활에서 부자가 되는 법을 배우라고 강조했다. 고용과 피고용의 관계가 아니라 이때만큼은 삶과 현장의 지혜를 전수해 주는 교수 본연의 역할이 학생들에게 도움이 될 것이란 생각에서였다. 매서운 날씨에도 불구하고 손에 피가 맺힐 정도로 열심히 일하는 학생들은 내가 하는 말을 이해하고 몸으로 배운 학생들이다. 그들이 땀 흘리며 배운 현장의 진실은 회장 비서실 같은 곳에서 일하는 학생들이 절대 깨우칠 수 없는 소중한 것이다.

성공이란 머리에 든 지식이 아니라 현장에서 만들어진다. 학교에서의 우등생이 반드시 사회에서 우등생이 되지는 않는 것처럼, 다른 사람보다 많이 안다고 해서 반드시 성공하는 것은 아니다. 꼭 필요한 것을 습득하고, 실천하고 행동으로 옮기는 것이 더 중요하다. 영향력은 바로 현장에서 나오기 때문이다.

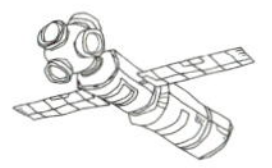

성공은
속도가 아니라 방향이다

옛날에는 비가 와야 할 때 가뭄이 계속되면 기우제를 지냈다. 아무런 과학적 근거나 대책 없이 그저 하늘에 비를 내려 달라고 빌기만 하는 모습은 왠지 미개해 보이기도 하다. 그런데 인디언들의 기우제는 틀림없이 비를 내리게 한다고 알려져 있다. 이 흥미로운 사실의 비밀은 비가 올 때까지 계속 기우제를 지내기 때문에 100퍼센트 비가 올 수밖에 없다는 것에 있다. 그들은 원하는 결과를 얻을 때까지 한 방향으로 나아갔던 것이다.

우리 속담에 "한 우물을 파라"는 말이 있다. 물 나오는 곳을 찾겠다고 여기저기 파면서 드는 노력보다 처음부터 물이 나올 곳으로 예상되는 지점을 잘 골라 계속 파다 보면 언젠가는 물이 나오게 되어 있다. 성공도 마찬가지다. 한 가지 목표를 정했다면 그것을 이룰 때까지 계속 그것을 향해 나아가야 한다.

성공은 속도가 아니라 방향이다. 빨리 성공을 이루겠다고 하다 보면 편법과 실수를 저지를 가능성이 그만큼 높은 법이다. 조금 더 늦더라도 제대로 방향을 잡아서 가다 보면 반드시 성공의 초입에 이른다. 나는 이것을 '성공의 임계점'이라고 부른다. 임계점, 즉 물이 끓기 시작하는 100도가 바로 그 순간이다. 100도가 되기까지가 힘들 뿐이지 그 지점만 넘어서면 물이 순식간에 펄펄 끓는 것처럼 성공에도 가속도가 붙는 법이다.

★ 자기 중심이 있어야 성공한다

살다 보면 흐린 날도 있고 맑은 날도 있다. 일이 잘 풀릴 때가 있는가 하면, 하는 일마다 꼬일 때도 있다. 그런데 바쁜 일상 속에 갇혀 지내다 보면 이 단순한 진리를 곧잘 잊게 된다. 조금만 일이 잘 풀리면 세상을 다 얻은 것처럼 들떠서 큰소리를 치다가도 조금만 입지가 좁아지면 주눅이 들곤 하는 게 보통 사람들의 모습이다.

성공과 실패도 마찬가지다. 진정한 성공은 궁극적으로 수없이 작은 성공을 거듭하며 이루는 것이다. 그리고 이 과정에서 실패 또한 거듭한다. 그래서 거듭된 실패에 무릎을 꿇는 것이 아니라 왜 실패를 했는지 연구를 하면 성공의 원인을 찾을 수 있다. 399번의 실패를 경험했음에도 불구하고 400번째 실험에 성공했던 발명왕 에디슨은 성공에 대한 강한 열망과 일관된 원칙이 있었다. 그 원칙을 지키기까지 그가 겪어야 했던 실패와 좌절은 보통 사람이라면 충분히 '포기'란 단어나 다른 '유혹'을 좇아가기에 충분했을 것이다.

이처럼 성공을 향한 여정은 험난할 수밖에 없다. 객관적인 환경과 조건이 무조건 자신에게 유리하다고 할 수도 없고, 게다가 자신과의 싸움이라는 버거운 과제도 함께 짊어지고 가야 하기 때문이다. 그러나 이런 풍파에도 흔들리지 않고 굳건히 제자리를 지킬 수 있어야지만 진정한 성공을 이룰 수 있다.

소위 말하는 위대한 기업의 CEO들은 위기 앞에서 항상 정도를 걸었다고 한다. 예를 들어 물류창고에 재고가 쌓이다 보면 실무자들은 '밀어내기'식 영업을 하더라도 제품을 팔아치우자고 한다. 그러나 정도를 걷는 CEO는 밀어내기가 시장의 혼란을 일으킨다는 도덕적인 관점뿐만 아니라 그게 바로 자신들을 갉아먹는 짓이란 것을 전략적으로 판단한다. 그래서 정도를 걸고 한 방향으로 나간다. 시장에서 제대로 가치를 인정받는 것만이 성공의 길이라는 진리를 그들은 체득한 것이다.

이런 CEO들은 남들과 다른 생체리듬을 가지고 있다. 바로 '성공의 생체리듬'이다. 이 단순한 리듬을 알고 있다면 아무리 강한 비바람이 몰아치고, 뜨거운 햇빛으로 온몸이 녹아내리더라도 옆길로 빠지지 않는다. 중간에 쉬겠다고 주저앉으면 영원히 일어서지 못한다는 것을 알고 목적지에 가서 달콤한 여유를 즐기겠다는 것이다.

아무리 굴곡이 심한 인생을 살아간다고 하더라도 마음의 중심을 잃지 않는다면 끝까지 갈 수 있다. 중심을 잃지 않는다는 것은 지금 내가 어디로 가고 있는지 알고 있다는 뜻이다. 가끔 눈앞의 성공에 도취되어 애초에 걸어왔던 길을 벗어나는 사람들을 많이 봤다. 새로운 영역으로의 도전이 아니라 주변의 말에 현혹되어 무작정 뛰어드는 사람들인데 대부분은 원래의 작은 성공마저도 모두 잃어버리고 만다.

빠른 성공을 원하는 사람들의 공통점은 욕심의 노예라는 것이다. 자신의 욕심을 통제하지 못하니까 요령과 편법을 찾게 된다. 하지만 성공은 결코 엘리베이터로 올라갈 수 있는 것이 아니다. 내가 로또 같은 복권을 싫어하는 이유가 여기에 있다. 복권당첨의 '꿈'이라고 표현하는데 그것은 꿈이 아니라 망상이다. 그리고 심심찮게 들리는 복권당첨자의 불운이나 벼락부자의 파멸은 자신의 꿈이 아니라 횡재로 얻은 부이기 때문에 쉽게 타락하고 망한다는 것을 보여준다. 성공하기 위해서는 자신의 꿈을 실현하겠다는 굳건한 의지가 있어야 한다. 그 의지가 바로 자신을 유혹과 어려움으로부터 이길 수 있는 버팀목이 되어준다.

성공하고 있을 때 실패를 경계하라

성공이란 최고점과 최저점을 오르락내리락하며 흘러가는 커다란 물결과도 같다. 그래서 최고점에 이를 때에는 다시 내려갈 것을 각오해야 하고, 내려갔을 때 포기하지 않고 다시 올라갈 수 있다는 자신감과 희망을 가질 줄 알아야 한다.

나는 은행에서 동일 그룹 내 최연소 지점장이라는 화려한 타이틀을 가진 적도 있지만 뚜렷한 이유도 없이 한직으로 좌천된 적도 있었다. 그땐 누가 봐도 명예퇴직이나 구조조정의 대상으로 전락했다고 평가받을 수 있는 상황이었다. 그러나 난 쉽게 포기하지 않았다. 한참 성공의 가도를 달릴 때 닥친 위기라 처음엔 당황스러웠지만 인생의 굴곡과 기복을 떠올리며 잠시 찾아온 슬럼프라고 여겼다. 그러지 않으면 '정말 내가 실패한 사람인가' 하는 자책감으로 의기소침해질 것이기 때문이다.

산봉우리에 올라 함성을 외쳤다면 언젠가는 하산을 해야 할 때가 온다. 하지만 이것은 등반의 한 코스일 뿐이지 결코 모든 일이 끝난 마지막은 아니다. 그런데도 많은 사람들은 등산보다 하산에서 긴장을 풀고 느슨해진다. 그래서 종종 사고를 당하기도 한다. 인생도 마찬가지다. 내려가는 길, 즉 성공의 정점에서 다시 꺾일 때를 조심해야 한다. 갑작스런 추락이라 생각하며 우왕좌왕할 것이 아니라 성공의 정점에 오를 때부터 미리 내려갈 것과 다시 오를 것을 생각해야 한다. 그래서 나는 뭔가 일이 잘못되어도 이를 실패로 보지 않고 또 다른 성공을 위해 가는 과정이라고 마음먹었다. 그때 나는 성공의 생체리듬을 느꼈고, 새로운 비전을 위해 준비를 하기 시작하였다.

대부분의 사람들은 한 번의 성공을 이루었다 해서 마치 인생의 최고 경지를 이루었다고 착각한다. 그리고 다시는 실패라는 단어와 마주칠 일이 없다고 착각하며 산다. 그러다 작은 실패라도 겪을라치면 허둥지둥하면서 헤매기 일쑤다. 특히 갑작스럽게 성공하거나 커다란 부를 얻은 사람일수록 이런 실패의 나락으로 빠지기 쉽다. 한 번의 성공이 영원하리라는 착각에 방탕하고 사치스러운 생활에 빠졌다가 어느덧 재기가 불가능할 정도로 빈털터리가 되는 경우가 그렇다.

실패와 성공은 어찌 보면 바늘과 실의 관계다. 실패를 겪으면서 성공의 발판을 하나씩 마련하고, 또 성공을 하면서 실패를 반면교사反面敎師로 삼아야 한다. 많은 사람들의 경우를 살펴보면 최고로 성공했을 때 실패할 확률이 가장 높다. 따라서 지금 만약 '난 성공했어!'라는 생각이 든다면 실패를 경계할 줄 알아야 한다. 결국 실패와 성공은 자신의 꿈을 이루기 위한 양 날개이면서 두 바퀴다. 이것을 조절할 줄 아는 사람이 꿈을 실현할 수 있는 것이다.

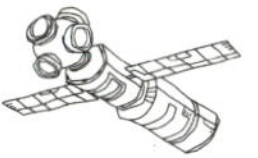

꿈을 이룬 아버지만이
아들에게 꿈을 줄 수 있다

나는 항상 아이들에게 속물적인 부자가 아닌 '베푸는' 부자의 가치관을 심어주려고 노력한다. 사무실에 걸린 그림만 하더라도 그 속에는 이러한 나의 철학이 고스란히 담겨 있다. 앞서 말했듯이 그 그림은 내가 평소에 이루고 싶은 꿈을 그려놓은 것이자 내가 돈을 버는 목적이 그대로 담긴 그림들이다. 그 그림들을 보고 있노라면 '베푸는 부자'가 되겠노라는 나의 꿈과 아이들에 대한 소망을 다시 한 번 떠올릴 수 있다. 그리고 지나간 시간의 어려움이나 절망보다는 앞으로의 희망을 느낄 수가 있다.

그림은 5개의 작은 그림들로 이루어져 있고, 각각의 그림들은 하나하나마다 의미와 사연이 담겨 있다. 먼저 한적한 시골길을 달리는 포르셰 자동차가 있는 그림이 있다. 자동차는 나의 큰아들과 연관이 있는데, 녀석은 워낙 자동차를 좋아해서 웬만한 관련지식은 내가 따라 가지 못할 정도다.

아이가 중학생 때였다. 나중에 안 일이지만 녀석은 가끔씩 나 몰래 자동차 열쇠를 가져다가 차를 몰곤 했었던 모양이다. 그러다 기어이 사고가 나고 말았다. 다행히 아이나 다른 사람이 다친 게 아니라 차만 조금 파손된 사고였다. 천만다행이라는 마음도 잠시 뿐, 상황이 진정 되니 화가 나고 어이가 없었다. 그래서 나는 크게 혼쭐을 낼 요량으로 녀석을 불렀다. 그런데 나는 아이의 말 한 마디에 화를 참을 수밖에 없었다.

"아빠, 사실은 아빠가 너무 피곤하신 것 같아서 제가 기름을 넣으려 고 가다가 그만……."

아이는 내 눈을 똑바로 바라보고 이야기를 했다. 분명 거짓을 이야 기하는 눈빛이 아니었다. 게다가 평소 녀석의 심성으로 봐도 분명 그 것은 진실이었다. 차를 너무나 좋아해서 몰래 드라이브하는 것을 즐 기는 줄 알았는데 이토록 아빠를 생각해 준다는 게 왠지 가슴이 뭉클 해졌다.

요즘도 큰아이와 함께 있으면 지나가는 차 이야기를 듣는다고 가끔 은 정신이 없다. 아이는 지나가는 차를 보면서 "저 차가 포르셰 모델 인데 엔진에 소음이 상당히 큰 게 거슬리지만 서양 사람들은 오히려 그 소리를 즐겨요. 벤츠600은 아무리 험한 곳이라도 안전할 만큼 튼 튼하죠. 그래도 계속해서 안전도를 보강하는 것이 벤츠의 명성이죠."

이런 식으로 자기가 아는 지식을 쏟아내기 바쁘다.

자동차가 나오는 첫 번째 그림은 차를 좋아하는 아들이 내가 지은 별장에 포르셰를 타고 오는 것을 상상한 그림이다. 별장은 내가 어릴 적 읽었던 책에 나온 영국식 별장을 상상한 그대로이고 내 가족의 보금자리를 묘사한 것이기도 하다.

두 번째 그림은 늘 행복한 부자, 베푸는 부자가 꿈인 나의 소망이 담긴 그림이다. 그림에는 '이태규 복지관'이라는 팻말까지 있는 전원 속의 건물을 그려놓았다. "민족대표도 33인이었잖아"라고 말할 정도로 나는 평소 숫자 중에서 3을 좋아하는데, 이 숫자는 음과 양이 합쳐진 완전한 숫자를 뜻한다. 그래서 내가 만들 복지관에도 330분을 모실 생각이다. 그리고 '슬로 시티^{slow city}'를 컨셉으로 해서 느긋하게 인생의 황혼을 즐길 수 있도록 할 것이다.

그리고 세 번째 그림에는 내가 별장을 짓고 싶은 곳으로, 나의 고향 산천을 닮은 정경이 담겨 있다. 또 네 번째 그림은 또 다른 별장을 묘사한 것으로, 별장에서 바라본 바다가 그려져 있다. 산골에서 자란 나는 어릴 적부터 바다를 동경해 왔는데 별장을 지을 또 하나의 장소는 바로 바다가 보이는 곳이라 생각해 왔다. 그래서 이 그림에는 내가 베푸는 부자가 되는 한편 내 인생을 위해 멋지게 살다가 사회에 환원하고 가겠다는 나의 소망이 담겨 있다.

마지막은 별장 앞에서 아이가 개와 함께 노는 그림이다. 이 그림은 둘째아들을 위한 그림이다. 아무리 사나운 개라도 이 아이 앞에서는 온순해질 정도로 아이가 개를 너무나 좋아하는데도 계속 아파트에서 살다 보니 마음껏 개를 키우지 못했는데 이것이 내내 마음에 걸렸다. 그래서 별장을 지으면 아이가 맘껏 개와 뛰어놀 수 있도록 해주겠다는 바람을 담은 것이다.

5개의 그림을 한데 모아 액자에 넣어서 보니 여지없이 나의 모든 꿈이 하나로 합쳐져 이미 그것을 이룬 기분이다. 그래서 그 그림들은 단지 감상용이 아니다. 나에겐 일상적으로 동기부여가 될 수 있는 그림이자 나의 돈버는 목적을 되돌아볼 수 있는 채찍과도 같은 것이다.

꿈과 철학을 함께 하는 가족

나는 평소 교육을 가장 중요하게 생각한다. 하지만 이때의 '교육'이란 이래라 저래라 하는 식의 일방적인 훈계가 아니다. 일일이 훈계하듯 가르치기보다 행동과 꿈을 보여줘야 한다는 게 나의 교육방식이다. 그래서 자신이 어떤 꿈을 가지고 있는지 찾고, 그 꿈을 이루기 위해 일상에서 명심하고 지켜가야 할 원칙을 일러준다. 물론 이 원칙들을 자신에게 어떻게 적용할 것인가는 각자의 몫이지만 말이다.

이런 원칙들은 나의 아이들에게도 예외일 수 없다. 아니, 더욱더 철저하게 그들에게 교육한다. 아이들이 유학을 간다고 했을 때도 꿈을 가지라고 구구절절 설명하는 대신 사무실의 그림을 컬러로 복사해서 코팅해 주었다. 늘 그림을 보면서 쉽게 꿈을 생각할 수 있게 하려는 의도였고, 자신의 일상에서 어떻게 그 꿈을 이룰 것인지를 고민하며 생활하라는 무언의 당부였던 셈이다. 이 그림과 함께 건네준 것이 또 하나 있었다. 그것은 바로 유학 생활을 하면서 지켜야 할 실천덕목 세 가지를 적은 것이다. 이것 역시 늘 한결 같은 마음으로 되새기라는 의미였다.

내가 아이들에게 준 실천덕목은 첫째, "정리하라"이다. 이는 마음을 늘 가다듬고 책상이나 주변을 정리하는 습관을 가지라는 것이다. 둘째, "규칙적인 생활을 하라"이다. 나 역시 일어나는 시간과 일하는 것, 그리고 자전거나 산보를 하는 규칙적인 생활을 하는데 아이들 역시 그렇게 하라는 뜻이다. 셋째, "돈을 벌고 모으고 키우는 습관을 가져라"이다. 유태인의 철학과도 같은 이것을 분명하게 강조하면서 어릴 때부터 돈에 대한 가치관과 부자가 되는 실천습관을 가지라는 의미였다.

그림과 실천덕목은 아이들에게 아버지로서 많은 것을 해주고 싶은 바람 못지않게, 중요한 것을 가르치고자 하는 메시지가 담겨 있었다. 이런 나의 바람이 제대로 전해졌는지 두 아들이 돈 관리를 하거나 생활하는 것을 보면 또래 아이들과 다른 면을 보여준다. 특히 꼼꼼하면서도 살가운 성격인 둘째는 내가 가르친 대로 허투루 돈을 쓰지 않는 모습을 보인다. 게다가 돈을 늘리는 방법도 알고 있어서 지금까지 모은 돈도 제법 되는 것으로 알고 있다.

내가 가르친 만큼 아이들이 그것을 이해하고 실천하는 모습을 보면, 내가 아이들에게 진정한 부자가 되는 법을 가르쳐줄 수 있다는 것이 더할 나위 없는 행복으로 느껴진다. 더군다나 아이들은 가끔 나에게 조언을 해올 때도 있다. 내가 은행에서 퇴직한 후였다. 둘째는 대뜸 퇴직금 이야기를 꺼내며 나름의 조언을 해왔다.

"근데 아빠, 퇴직금은 일시불로 받지 마세요."

"응? 갑자기 무슨 소리야?"

갑작스런 소리에 의아했는데 아이 말로는 아빠가 일시불로 퇴직금을 받으면 아빠 성격에 사업한다고 돌아다니면서 고생하신다는 게 그 이유였다.

"아빠, 그냥 분할로 받아서 이제 편히 사세요. 제가 가장 부러운 게 하나 있었는데, 야구장 가면 아빠 같은 분들이 즐겁게 경기 보는 게 그거였어요. 전 그게 그렇게 보기 좋더라고요. 이제 즐기면서 사세요."

퇴직금을 어떻게 쓰는 게 좋은지 이야기하는 둘째를 보니 돈을 모으는 것뿐만 아니라 어떻게 쓸 것인지도 나름의 원칙이 생긴 듯하여 흐뭇했다. 즐기며 살라는 둘째의 당부는 삶의 여유를 가지라는 '행복한 부자'와 이어지는 철학이니 말이다.

사실 꿈을 향해 매진했던 나날들이 평탄함보다 우여곡절이 많았던 터라 가족들에게 자상한 가장의 역할은 많이 하지 못했다. 물론 누구보다 가장 먼저 내 꿈을 이야기해 주었고, 또 이해를 바랐지만 가족들에게 나의 꿈을 강요할 수는 없었다. 그러나 아이들은 나의 뜻을 잘 이해해 주었고, 아내 역시 나와 같은 가치관을 가지고 있다.

어느 날 아내가 가슴에 남는 말 한마디를 해왔다. 산책을 할 겸 성내역 근처를 지나가는데 한 아주머니가 휠체어에 아이를 태우고 지나가더라는 것이다. 그런데 나비 한 마리가 날아가자 아이가 잡으려고 쫓아가는데 그게 너무 천진난만하게 보이기도 하고 한편으로는 놀랍기도 했단다. 휠체어에서 아이가 벌떡 일어나 나비를 쫓아갔으니 말이다. 그래서 눈여겨보니 아이는 양팔이 없는 아이였더라는 것이다. 그 아이와 엄마를 보며 아내가 느낀 게 바로 '행복'이었다.

아내는 사람이 세상에서 못할 것은 없다는 생각을 하는 사람이다. 아내는 나의 꿈을 이해해 주고 묵묵히 지켜봐줄 뿐만 아니라, 그녀의 깨달음처럼 현실 속에서 많은 문제들을 극복하며 자신의 꿈을 향해 나아가고 있다.

내가 스타스페이스의 꿈을 키우는 것은 나만의 꿈을 이루기 위한 것이 아니다. 아버지로서 아이들에게, 남편으로서 아내에게 나의 꿈과 비전, 그리고 메시지를 전달하고 보여주는 과정인 것이다. 그리고 나의 가족들은 내 꿈을 바라만 보고, 이해만 하는 것이 아니라 모두 자신들의 꿈을 향해 항해하고 있다.

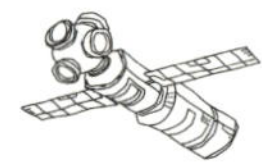

당신이
절대 실패할 수 없는 이유

자전거를 타거나 걸으면서 이런저런 생각을 하면 꽉 막혀 있던 난제도 풀리는 경우가 많았다. 예전에 연구실과 스타스페이스 사무실을 오가는 길을 보고 나만의 '철학의 길'이라고 불렀던 적이 있다. 지하철 성내역과 예전의 연구실 사이에는 뚝방길이 있었는데, 강을 곁에 두고 뚝방길을 자전거로 타고 가다 보면 상념에 빠질 때도 많았다. 그런데 "모든 게 마음먹기에 달렸다"는 말이 있듯이 똑같은 길을 가더라도 상황에 따라 다른 느낌을 가지게 된다. 저녁 무렵에 뚝방길을 가면 한강과 달이 눈에 들어오는데, 절망이 보일 때는 한강이, 꿈이 보일 때는 달이 눈에 들어온다. 그래서 많은 생각을 하는 길이라 해서 나름대로 그렇게 이름을 붙인 것이다.

이 길을 오가면서 마냥 깊은 사색만 즐긴 것은 아니다. 절망의 늪에서 허우적거리던 순간에는 문득 '내가 핸들을 45도만 꺾으면 참 편해질 텐데'라는 생각이 들기도 했으니 말이다. 조금만 자전거의 방향을 바꾸면 한강에 빠질 수 있어 가장 쉽게 삶을 포기하는 방법이 눈앞에 있었다. 물론 그런 생각이 들 때는 정말 삶의 희망이란 찾을 수 없다고 여길 정도로 힘겨웠던 시기였다.

사업 초기에 기획 업무를 맡겼던 모 기획사 대표가 나도 모르는 사이에 스타스페이스의 세금을 포탈하고 법인카드를 과도하게 사용하여 연체가 되는 바람에 내가 신용불량으로 출국정지까지 당하게 되었다. 당시 투자 관련으로 해외출장을 나가야 했는데 꼼짝없이 발이 묶인 것이다. 자금을 지원해 주겠다는 사람이 있어도 만날 수가 없는 상황이니 그때의 내 심정이 오죽했을까. 다행히 지금 같이 일하고 있는 사람들의 도움으로 간신히 출국정지를 풀게 되었는데 새삼스레 인맥의 소중함을 절실히 느낄 수가 있었다.

내가 어려움을 겪더라도 좌절과 실패로 주저앉을 수 없었던 이유는 이처럼 내 꿈을 이해해 준 사람들이 있었기 때문이다. 이와 같이 배신에 가까운 경험과 새로운 인맥과의 만남은 호사다마란 말처럼 반복되었다.

성공할 때는 분명 좋은 인맥들이 옆에 있고 또 새롭게 찾아온다. 이들을 반갑게 맞이하며 함께 성공을 꿈꾸지만 반면에 실패했을 때 떠나는 인맥은 어떻게 할 것인가 하는 문제는 나 역시 늘 고민이 되었다.

한 번 등을 돌린 사람이 다시 돌아온다고 했을 때 아무리 그럴듯한 조건이나 역량을 갖추었다 하더라도, 신뢰와 확신이 없는 관계가 언제 다시 나를 배신할지 모를 일이기 때문이다.

회사와 같은 조직 시스템에서는 상생 관계가 철저히 성과 위주다. 성과가 있어야 동료 사이나 상사와 부하의 관계가 긍정적이다. 성과 위주의 시스템에서는 등을 돌린 사람이라도 또 다른 성과만 보여준다면 얼마든지 포용할 수 있다. 팀이나 회사의 성과를 올려주기 때문이다.

내가 보기엔 유태인과 중국인들은 성과 시스템에 가깝다. 중국은 삼국지나 옛 고사를 보더라도 심지어 적마저도 받아들인다. 다만 중용을 하지 않을 뿐이지만 쉽게 내치지 않는다. 이런 것은 성과만을 볼 때는 가능하지만 신뢰 관계에서는 그럴 수가 없다. 신뢰는 성과만으로 형성되는 것이 아니기 때문이다.

'매일생한불매향梅一生寒不賣香'이란 말이 있다. 매화는 일생 동안 추위의 고통 속에서도 향기를 팔지 않는다는 뜻이다. 나 역시 그렇다. 아무리 어렵고 힘들더라도 썩은 동아줄은 잡지 않는다.

꿈이 있다면 인맥은 저절로 찾아온다

요즘도 가끔 어려웠던 순간들을 떠올리며 나를 도와줬던 사람들을 생각한다. 내가 힘들 때 정말 사심 없이 도와준 분들이다. 특히 요즘처럼 내 꿈과 사업이 본격적으로 궤도에 오르면 더욱 그렇다.

너무나 힘들어 삶을 포기하고 싶었던 그때 돌아가신 어머님이 모셔

저 있는 공주에 있는 선림원이란 절에 들른 적이 있다. 그곳에서 나는 응어리져 있던 한을 다 쏟아내기라도 하듯 절을 하고 또 했다. 온몸에 땀이 비 오듯 적셔 와도 나는 절을 멈추지 않았다. 얼마나 시간이 지났을까. 온몸의 수분이 다 빠져나가는 듯 절을 하고 있는 나에게 마침내 주지스님이 다가왔다.

"무엇이 그리 간절하기에 절을 그토록 하시는 건지 모르겠군요. 이때껏 이 절에 오신 분들 중에서 그토록 간절히 절하는 분은 보지 못했습니다."

당시 힘든 상황을 구구절절 이야기하는데 정말 생각지도 않은 일이 일어났다. 내 이야기를 듣고 있던 스님이 이렇게 말하는 것이었다.

"그렇군요. 그런데 내 꿈도 우주를 아이들에게 보여주는 것입니다. 이 절에 있는 동자승이나 마을의 아이들에게 천문대를 지어서 보여주는 것이 제 꿈이죠. 그래서 제가 갖고 있는 땅에다 그걸 지으려고 고민 중이었답니다."

스님은 당신의 꿈이 나와 같다며 선뜻 자신의 땅 20만여 평을 제공하겠다는 것이다. 우연이라고 하기엔 너무나 큰 행운이었다. 아니, 기적이었다. 물론 내가 구상하던 스타스페이스의 부지로는 턱 없이 좁은 땅이었지만 적어도 '미르'를 보관할 수 있는 땅으로는 충분하니 당시의 나에겐 다시 희망을 떠올릴 만큼 커다란 힘이 돼 주었다. 나는 그날 천군만마를 얻은 듯 든든한 자신감을 얻고 서울로 돌아와 다시 꿈을 향해 뛰어다녔다. '나에겐 사업을 펼칠 수 있는 땅이 있다!'는 생각은 모든 일에 자신감을 갖고 당당하게 일을 할 수 있는 원동력이 되었던 것이다.

그러자 그 후부터 모든 일이 거짓말처럼 술술 풀리기 시작했다. 게다가 입지 조건이나 부지 규모가 더 큰 장소가 나타나 새롭게 일을 추진할 수가 있었다. 비록 그 스님의 땅을 사용하진 못했지만 그분의 도움은 정말 컸다. 절망에서 긍정으로 사고를 바꿀 수 있었던 계기이자 다시 꿈을 찾을 수 있었던 순간이었으니 말이다.

또 나의 전작인 《한국의 부자인맥》을 탄생시키는 데 결정적인 도움을 준 이가 있었다. 나는 평소 강의를 할 때 따로 강의 원고를 만들지 않고 강의 메시지 정도만 정리해서 강의를 한다. 처음에는 강의 원고를 만들었지만 실제 강의를 하다 보면 현장의 반응과 이야기에 따라 더 생동감 있는 내용으로 바뀌기 일쑤였기 때문에 그 후부터는 만들지 않았기 때문이다. 그런데 나의 강의를 여러 번 듣다가 아예 나의 비서를 자처했던 분이 나도 모르게 내 강의를 녹음하고 강의노트를 기록해 왔던 것이다. 그것도 단순히 받아쓴 정도가 아니라 내게 큰 도움이 될 정도로 따로 주석까지 넣어서 만든 귀중한 노트였다. 나의 철학과 인맥론에 대해 적극 동의하고, 배우며 실천한다던 그분은 또 다른 귀인을 만나게 해주었다. 바로 그분의 남편이었다.

그는 신림동의 승불사 스님이었는데 틈나는 대로 나를 위해 기도를 해주셨다. 생전 보지도 못한 나를 위해 기도를 한다는 이야기를 처음 전해 들었을 때 나는 무한한 감사와 감동을 느꼈다. 더군다나 내가 따로 시주를 한 적이 없는데도 그렇게 열성으로 기도를 해주니 그 고마움은 몸둘 바를 모를 정도였다.

"그렇게 기도하는데 교수님은 실패를 할 수가 없어요. 호호호."

늘 얼굴에 웃음이 넘치고 밝은 인상이었던 그분은 자신의 남편 이야기를 하면서 바쁘고 힘든 나에게 위로와 격려를 해주었다.

그뿐만이 아니었다. 나중에 나 역시 기도를 해주는 것에 대한 고마움에 그 절에서 멤버십 모임을 가졌을 때다. 이때 유명한 한류스타의 어머니 P여사도 함께 했는데, 그녀는 절에다가 선뜻 100만 원을 시주했다. 시주를 받은 스님은 그 돈을 절에다 쓰지 않고 당시 갓 출간된 《한국의 부자인맥》을 사는 데 모두 쓰고 주위사람들에게 책을 나눠주었다. 이렇게 나눠준 책은 좋은 선물이라는 인식과 더불어 어느 정도 입소문도 나는 효과가 있었다. 아마도 그 책이 베스트셀러가 될 수 있었던 계기가 P여사와 스님 덕분이 아닌가 하여 내내 감사할 따름이다.

이처럼 꿈을 함께하는 사람은 서로에게 의지가 되고 든든한 후원자가 되는 법이다. 단지 종교적인 기원을 해주는 기도 때문에 실패를 하지 않는 게 아니다. 나의 꿈을 이해하고 격려해 주는 그들의 마음과 정성 때문에 절대 실패할 수가 없는 것이다. 그리고 이런 신뢰Trust와 투게더Together, 트레이닝Training이 합해진 3TM의 인맥은 스페셜Special이란 개념까지 더해 전문가, 비즈니스 인맥으로 발전된 3TSM이 나올 수 있는 생생한 근거가 되었다.

내가 실패가 아니라 성공을 할 수 있는 것도 바로 이런 꿈을 함께

하는 나의 인맥들 덕분이다. 왜냐하면 나는 나를 통해서 나를 보는 게
아니라 나와 꿈을 함께하는 그들을 통해서 나를 보기 때문이다. 그리
고 나는 나를 통해서 성공하는 것이 아니라 그들을 통해서 성공하기
때문이기도 하다. 그래서 나의 미래는 내가 개척하는 것이 아니라 내
곁에 있는, 그리고 앞으로 나한테 와줄 꿈을 함께하는 많은 인맥을 통
해서 개척하는 것이다.

"나의 공장을 가져가고 차를 부셔도 좋다. 다만 나에게서 포드 사람
만 빼앗아가지 마라. 그러면 이 사람들과 함께 다시 지금의 포드를 만
들 수 있다." 미국 포드 자동차의 창업주인 헨리 포드의 말이다. 나 역
시 꿈을 함께하는 사람이 있다면 언제 어디서 또 다른 위기와 좌절이
오더라도 이겨낼 자신이 있다. 왜냐하면 꿈은 함께하는 사람이 있다
면 이루지 못할 것이 없기 때문이다.

이제부터가
진짜 승부다

안개에 가려 앞이 보이지 않는 길을 한참 가다 보면, 문득 '내가 가는 이 길이 정말 맞나?' 하고 잠시 머뭇거리게 된다. 그러나 워낙 안개가 짙게 깔린 탓에 다시 돌아갈 수도 없다. 어떡해야 할까. 멈추고 서서 마냥 안개가 걷힐 때까지 기다려야 하나. 아니면 계속 길을 떠나야 하나.

　어떤 사람은 나를 '의지대로 사는 사람'이라고도 하고, 어떤 사람은 나를 '무서운 사람'이라고도 이야기한다. 그러나 나는 그 어느 쪽도 아니다. 아무런 선택의 여지가 없었다. 어느 날 내 의지와 상관없이 바다에 내던져졌고 내 의지와 상관없이 살아남기 위해 험한 파도와 사투를 해야 했다. 파도에 묻혀 죽느냐 육지로 가서 사느냐의 선택만이 있었을 뿐이다. 모든 것을 포기하자고 해도 파도 속에서는 포기할 수조차 없는 상황이었다. 그저 살아남기 위해 오직 육지로 가는 수밖에는 없었다.

성공을 향한 여정에서 수없이 머뭇거리고 다른 길을 찾기 위해 두리 번거렸던 경험이 있을 것이다. 그러나 안개에서 벗어나 목적지에 다다르려면 계속 길을 걸어야 한다. 시간은 기다려주지 않기 때문이다.

경제위기로 모든 곳에서 적신호를 보내고 있는 지금, 몸을 움츠리고만 있다면 결코 성공에 이를 수가 없다. 비록 두렵지만, 현재의 상황에서 벗어나 앞으로 나아가는 용기와 의지가 필요하다. 세계적인 베스트셀러 작가 파엘로 코엘료가 "꿈을 이루지 못하게 만드는 것은 오직 하나의 이유 때문이다. 즉 실패할지도 모른다는 두려움이다."라고 말했던 것도 이와 같은 맥락일 것이리라.

오바마가 철옹성과 같았던 인종주의의 벽을 뛰어넘어 미국의 대통령에 당선될 수 있었던 것도 불굴의 의지로 자신의 길을 걸어갔기 때문이다. 불과 몇 년 전만 하더라도 미국에서 흑인이 대통령으로 당선된다는 것은 불가능에 가까운 일로 생각되었다. 하지만 그는 불가능해 보이는 그 꿈을 결코 포기하지 않았고, 될 때까지 밀어붙인 결과 마침내 그것을 가능으로 바꿔놓았다.

오바마를 비롯한 꿈을 이뤄낸 사람들의 대부분은 쉽게 포기하거나 좌절하지 않고 자신의 길을 묵묵히 걸어간다. 70년 동안 열 개의 벼루와 천여 자루의 붓을 닳아 없앴던 추사 김정희의 정진^{精進}도 물이 흐르다 보면 물길도 생길 것이란 믿음으로 지내온 삶이었다. 그리고 그가 남긴 족적은 열 개의 벼루와 천여 자루의 붓으로도 다 쓸 수 없을 만큼의 굵고 또렷한 역사가 되었다.

어려울수록 "내가 하고자 하는 것이 무엇인가?"를 다시 한 번 진지하게 물어라. 그리고 절실하게 답을 구하라. 목적이 없는 인생이란 정처 없이 바람 따라 흘러가는 배와 다름없다. 목적지가 어딘지도 모른 채 떠난 항해의 말로는 굳이 말하지 않아도 알 수 있다.

어렵고 힘든 이 시기야말로 뚝심이 필요한 때다. 목표한 것을 성취할 때까지 포기하지 않는 용기, 계속 밀고 나가는 힘이야말로 위기극복의 방법이다. 자신의 꿈을 이루기 위해서, 자신의 분야에서 최고가 되기 위해서 한계까지 다다르는 그 순간까지 모든 것을 쏟아 부어야 한다. 그러면 어느샌가 흘러가는 물이 길을 만들 테고, 우리는 계속 그 길로 나아가면 된다.

이루어야 할 꿈이 있다면 두려워하지 말고, 좌절하지 말고, 포기하지 말고 끝까지 나아가라. 결국엔 그러한 의지가 성공의 원동력이 되어 우리를 성공으로 이끌어줄 것이다.

미국발 금융위기의 여파로 전 세계가 힘들어하고 있을 때 스타스페이스월드 우주테마파크 사업이 국내외에 추진된다는 소식이 알려지면서 우리는 또 다른 성과를 만들어낼 수 있었다. 2009년 세계 천문의 해, 우주의 해를 맞아 일본에서 우주정거장 '미르'와 함께하는 우주문화 특별전 전시 요청이 온 것이다. 여기에는 일본의 최대 광고기획사가 참여하게 되었고, '스페이스 아트갤러리'를 만들어 이곳에서 우주와 관련된 회화, 조각 등을 함께 전시하면서 우주과학과 우주예술이 함께하는 한국의 문화를 소개하게 되었다.

나는 아직도 꿈을 향해 서 있다. 허튼 시도란 없으며, 우연은 없다. 스페이스월드 리조트도 설계도대로 그 모습을 다 갖추려면 수년의 세월이 걸릴 것이다. 그리고 '베풀며 존경받는 행복한 부자'라는 꿈을 위해서 나는 또 다른 백한번째 목표를 향해 도전을 멈추지 않을 것이다.